生活因阅读而精彩

生活因阅读而精彩

Joanne Rowling

J. K. 罗琳

生命是一个奇迹

洛凛 著

中国华侨出版社

图书在版编目(CIP)数据

J·K·罗琳:生命是一个奇迹 / 洛凛著. —北京:
中国华侨出版社,2014.6

ISBN 978-7-5113-4550-9

Ⅰ.①J… Ⅱ.①洛… Ⅲ.①罗琳,J.K.-传记
Ⅳ.①K835.615.6

中国版本图书馆 CIP 数据核字(2014)第068329 号

J．K．罗琳:生命是一个奇迹

著　　者 / 洛　凛
责任编辑 / 棠　静
责任校对 / 高晓华
经　　销 / 新华书店
开　　本 / 787 毫米×1092 毫米　1/16　印张/18　字数/275 千字
印　　刷 / 北京军迪印刷有限责任公司
版　　次 / 2014 年 6 月第 1 版　2020 年 5 月第 2 次印刷
书　　号 / ISBN 978-7-5113-4550-9
定　　价 / 48.00 元

中国华侨出版社　北京市朝阳区静安里 26 号通成达大厦 3 层　邮编:100028
法律顾问:陈鹰律师事务所
编辑部:(010)64443056　　64443979
发行部:(010)64443051　　传真:(010)64439708
网址:www.oveaschin.com
E-mail:oveaschin@sina.com

前言

献给哈利·波特的"母亲" J.K.罗琳
以及所有与哈利·波特共同成长的人们

　　说到 J.K.罗琳，总是马上让人想到哈利·波特。这是一本陪伴许多人成长的冒险故事，当然，这些人包括我在内。这部小说几乎覆盖了我的整个少女时代，相信很多人都有类似经历。记得第一次接触这本书的时候，是听同班同学提起的。当时，那个姑娘非常兴奋地说着一个名叫"哈利·波特"的故事，稚气的脸上挂着兴奋的表情。不过我之前完全不知道"哈利·波特"这个名字，误以为这个女孩说的是马克·吐温的小说《哈克贝利·费恩历险记》，以至于我总是把哈利·波特误称为哈克贝利·费恩。

　　这位女同学当然是对我的误解表示出强烈的不满与鄙夷，她觉得我实在是太落伍了。于是第二天，女同学就把"哈利·波特"的第一册——《哈利·波特与魔法石》带到了学校。这是一本不大厚实的小说，中文版封面的图也完全不是亚洲风格，对于习惯了日本动漫风格的我来说，这种封面实在没有太大的吸引力。不过我还是礼貌性地把书放进自己的书包里，打算放学回家翻看翻看。

　　结果，事情从此一发不可收拾。

　　当天晚上的作业，一个字都没写，完全顾不上第二天会被老师批评。我用整整一个晚上的时间读完了一整本小说。那种兴奋的心情，就算到了现在，还是能记得起来。我觉得在那之前从来都没看过一本有着如此吸引力的故事书。虽然这一晚上的"奋斗"所带来的结果是第二天上课时打瞌睡，被老师批评，但是我仍旧无法抵抗对"哈利·波特"接下来的情节的好奇心。

那位女同学看到我的反应后扬扬得意，很快又把家里的其他几本全都带给了我。那一周，老师觉得我与往常很不一样，平时老实巴交的学生，如今却天天都在课堂上呼呼大睡。幸亏之前在学校一直表现良好，不然估计就没法逃离被请家长的宿命了。

这就是我与"哈利·波特"的初次相遇。

再后来，"哈利·波特"电影全球公映，我跟一堆死忠的小伙伴们用提前省吃俭用了一个月的零花钱买了死贵死贵的电影票，终于享受了这场精彩的视觉盛宴。我甚至还记得自己为了得到电影院门口那张巨大的《哈利·波特与魔法石》宣传海报，趁着天黑跑到那里硬是把它撕下来带回了家。这件事被家人一直当作我的暗黑历史讲传至今。

再再后来，跟当年的小伙伴们渐渐失去了联系，但是我对"哈利·波特"的热情始终不减。幸运的是，在新认识的朋友里，总有那么一两个死忠哈迷。

在接下来的时间里，升学，就业，手里能用的钱也渐渐变得多了起来。我买了一套正版小说，还有很多相关的衍生产品。每一次电影全球公映，我都会第一时间跑到电影院去支持一下。不用再存零花钱买电影票了，这事儿叫人觉得安心了不少。不过，当《哈利·波特与死亡圣器》的下部结束之后，我突然产生了一种失去人生目标的错觉。

这，就是 J.K.罗琳带给我们的奇迹。一部小说的好坏，并不是看内容中有没有华丽的辞藻，哪怕只是平铺直叙，只要是能够绝对吸引人，就称得上是一部佳作。您即将阅读的这本书讲述的并不全是哈利·波特的故事，但是哈利却在 J.K.罗琳的人生当中起到了重要的作用。我们一直都在赞叹着哈利的勇敢与坚强，却不知道在不为人知的过去，他的创作者罗琳经历了怎样艰苦的岁月。

不过这并不是一本抱怨不幸生活的书，我希望大家能够从中读到一些正能量，比如坚持。我在罗琳的身上看到了坚持带给她的丰厚回报。有时候，我们离成功只差一点点，而那一点点往往能够造成胜利与失败两种不同的结局。

目录

第一章　幸福童年

——贝壳小屋里的魔法公主

宁静的耶特小镇里，一个女婴安静降生。幸福而又安逸的童年带给乔安娜人生当中最快乐的时光，小巷里布满了和妹妹一起愉快玩耍的小脚印。在妈妈的影响下，乔安娜爱上了书籍，神奇世界的大门在等待她开启。

第一节　耶特小镇

在英格兰西南区的布里斯托尔附近有一座名为耶特的小镇。这是一座典型的英格兰乡村小镇，由于受到温和湿润的海洋气候影响，这里的空气跟伦敦一样，总是湿乎乎的，遇到大雾天气，就会让人如处仙境，十分美妙。而且耶特并不像伦敦那样遭受污染，天空灰沉。毕竟，蓝天白云才是乡村地区该有的美景。

在19世纪60年代之前，这里只是一个小乡村，而随着工业革命的发展，耶特如今已经成为了一座颇具规模的小镇，有着气派的楼房与修剪整齐的草坪，不过，这都是20世纪之后的样子了。现在，让我们先把时针转回1965年7月的某一天，就在这一天，发生了一件非比寻常的事。

在耶特小镇贝壳路35号，矗立着一所两层的小房子。这间房子前面是一小块绿地，后面有独立的花园。令人称奇的是，这里并没有被装修成传统的英国乡村风格，房屋的围栏下摆放着大大小小的花盆，里面栽种着五颜六色的花卉与绿色的藤蔓植物。它们高矮不均，有一些也许是因为光照不均或者是浇了太多的水而枯黄萎靡了，但是在远处看却叫人产生了一种自然别致的感受。这并不像传统英国人的家，整洁却死板。草坪修剪机跟一些园艺用具都零散地堆在花卉的一旁，周围的邻居们甚至觉得，这屋子的主人没准儿是个不修边幅又懒散的美国人。

其实，这座小房子的主人是一对年轻的英国夫妇，彼得和安妮。彼得·詹姆士·罗琳曾经是一名海军士兵，在皇家海军服役，这一点从他健康的肤色与结实的肌肉就能够看出来。而安妮则是妇女皇家海军服务队的成员，有一半法国血统和一半苏格兰血统。1964 年的某一天，他们在开往阿布洛斯的列车上初次相遇并一见钟情，彼得甚至觉得他终于找到了那根与他失散多年的肋骨。

他们很快就坠入了爱河。不过他们当时实在是太年轻了，彼此都不被对方的家里人看好。不过他们爱对方爱得疯狂，即使遭到反对，还是不顾一切地向彼此发誓要携手一生。此后，他们度过了一段十分快乐的恋爱时光，但是安妮却发现，他们无法适应海军士兵的生活，于是他们选择搬到了耶特。

7 月的英格兰总是充满了雨水，难得遇到一次放晴的好日子，年轻的罗琳夫人此时正坐在自己房前的摇椅上享受着温暖安宁的下午茶。她的下午茶十分简单，一杯伯爵红茶配上一块诱人的松饼。松饼是用新鲜的树莓烤制而成，上面淋着香甜滑腻的蜂蜜。

午后明媚的日光照射着罗琳夫人年轻的脸庞，为她的金发镀上了一层耀眼的光晕。她微微闭目，浓密的睫毛在长有淡淡雀斑的脸颊上投射出一小片阴影。椅子轻轻地摇晃着，罗琳夫人好像睡着了一般，任由旁边的红茶兀自冒着热气。她的腹部隆起得很厉害，看来是要生产了。

"嘿！亲爱的，你睡着了吗？"

一个身高中等却十分结实的年轻男人从屋子里走了出来。他有着健康的小麦肤色，脸颊红红的，一看就是个经常沐浴海上阳光的水手。他戴着眼镜，头发丝很硬，虽然上面涂抹了很多的发蜡，却还是很不听话地支棱着。他的手里拿着一床薄毯，走到罗琳夫人的身边帮她轻轻地搭在身上。

罗琳夫人睁开眼睛，正好看到了男人微笑的脸。她温柔地伸出手，揉了揉男人坚硬的头发。

"我没睡，彼得，我正在跟我们的孩子聊天。"

彼得·詹姆士·罗琳蹲在自己妻子的身边，略微有些粗糙的大手轻轻地摩挲着那隆起的肚子。那小心翼翼的样子，叫人觉得他好像是在把玩一件十分珍贵的绝世古董。远处的绿地上，有几个小男孩在嬉戏玩耍，他们在草坪上奔跑，还不时地穿梭于矮树丛之间，含混不清的嬉闹声忽远忽近，听不清到底在为什么事情而兴奋。

"我们的孩子肯定会像他们一样健康活泼，上帝保佑他们。"

彼得一边扭着头望着那些活泼的孩子们一边慈爱地说道。

"哦，也许我们的孩子会是一个美丽安静的女孩儿。那样她就不需要跟这些小鬼头一样每天一身泥土地闯进家门了。"罗琳夫人回答道。

彼得扭回头："我猜他会是个男孩，像你一样有一头健康的金发，但是眼睛会像我，将来也要成为一个工程师之类的角色，因为他会具备很强的计算能力跟逻辑思维能力。"

罗琳夫人哈哈地笑出了声："哦，彼得，我没想到你居然连这些都想好了。"

"是的，我真的想好了，我甚至连球棒都买好了。我们可以在天气晴朗的日子里，去那边新建的运动场上打棒球。"

彼得很高兴地谈论着这些："当然，如果她真的是一个女孩。我是说如果，那这个球棒就留着送给她未来的男朋友吧。"

说完，彼得站起身，轻轻地吻了吻罗琳夫人的额头，然后转身回到屋子里，拿出了一只被塞得鼓鼓囊囊的手提旅行袋。

"走吧安妮，我们很快就可以跟我们的孩子见面了！"

彼得愉快地说着，搀扶罗琳夫人从椅子上站起来，朝着离这儿不远位在车站大道 240 号的考特奇医院走去。

第二节　姐妹降生

年轻的彼得·詹姆士·罗琳其实还不太清楚作为一个准父亲到底应该着手准备哪些工作，而比他还要年轻的太太安妮更是如此。他们拎着的手提旅行袋里只装了几件换洗的衣服跟一些现金，他们手挽着手往车站大道走去，仿佛这只是一次十分平常的短途旅行。

考特奇医院距离他们所居住的小房子并不远，走路的话不用半个小时就到了。与其他城镇的英国传统式医院不尽相同，考特奇医院曾经是一家私人疗养院，建筑面积并不大，但是环境却十分优雅安宁。独立的英式小楼几乎快要被茂盛的爬山虎覆盖满了，只有一扇扇明亮的玻璃窗还没有被这些精力旺盛的绿色植物"侵犯"。这幢小楼有三层，其中包含为数不多的几间产房，每一间产房里大概会住 10 位待产的准妈妈。

办理好入院手续的安妮十分兴奋，因为这里有这么多的产妇，她可以跟她们一起讨论自己还不熟悉的育儿经。只是彼得就表现得没有来时那么愉快了。考特奇医院有一项特殊的规定，在入院期间，新生儿的家属不许探视或亲自照顾孩子，产妇及婴儿的一切事宜均由医院的医生与护士负责完成。彼得原本满心期待能够早点儿与自己的第一个孩子见面，可是由于这一条特殊规定，他不得不心急火燎地在家多等上几天。

在医院待产的几天里，安妮过得很愉快。这是她第一次生产，却并没有像想象中的那样紧张与不安。产房里陆陆续续有新生儿出生，安妮每次都会跑到育婴室去看，她对这些刚出生的小家伙总是充满了好奇心。她隔着透明的大玻璃，张望那些并排躺着的婴儿，他们像是一只只弱不禁风的小动物，有的哭闹得满脸通红，有的则在睡梦中啃咬着自己的手指头。每当看到这样的景象，安妮都会忍不住笑起来，她迫不及待地希望自己的孩子能早一天来到这个世界。

这一天终于到来了，当助产士将那个浑身沾满血迹、连眼睛都没有睁开的小家伙儿捧到安妮眼前的时候，她觉得那简直是上帝赐给她跟彼得的一份最棒的礼物。她的心中被沉重的幸福感狠狠地压着，这叫她觉得透不过气来，她恨不得马上把这个小东西抱在怀里亲一亲，就连生产时的疼痛感与虚弱感都已经完全被忽略掉，她几乎无法将目光从那个小生命的身上移开。

彼得艰难地熬过了漫长的两周，他的妻子跟孩子终于能够回家了。他见到了他的第一个孩子，他的女儿，小小的乔安娜。那是一个瘦小的婴儿，浑身的皮肤都红通通的，却嫩滑得好像是一块新鲜的牛奶布丁。小乔安娜的眼睛还没法完全睁开，偶尔睁开一次，一对明亮的蓝色眼珠就闪亮了起来。彼得看着那对纤尘不染的双眼简直高兴得手舞足蹈。他紧紧地拥抱自己的妻子："上帝！这简直是一个奇迹！生命本身就是一个奇迹！安！看她的眼睛多么像你！她将来会有一头跟我一样的红头发！老天！她就是我们的天使！"

不过，这个小天使却不愿意让这对夫妻省心。她总是在半夜无缘无故地哭闹不止，偶尔还会闹一两场小病。自从孩子出生，罗琳家并不宽敞的小房子就显得更加拥挤，数不清的婴儿用品都堆在起居室的火炉旁，甚至连厨房里都晾满了尿布。即使如此，罗琳夫妇依然对小乔安娜呵护有加，尽管他们经常被小家伙的哭闹声弄得睡眠不足，却还是满心欢喜地准备迎接未来的每一天。

当了爸爸的彼得决定负起作为一个父亲的责任，他打算找一份比较稳定的工作来养家糊口。虽然当时还是 20 世纪 60 年代，物质生活远不如今天这般丰富，但是一对没有稳定经济来源的年轻夫妻要养活一个孩子也不是一件十分容易的事情。彼得希望自己的女儿能在一个舒适的生活环境中长大成人，更希望她以后能接受良好的教育，而这一切的前提就是殷实的经济基础。

1967 年 6 月，小乔安娜的妹妹黛安娜出生了。

这一次，罗琳夫妇想起了考特奇医院的那条特殊规定，为了能够亲眼看到自己孩子的出生，他们选择了在家中生产。安妮已经不是第一次当产妇了，但是彼得却错过了上一次的机会，因此这次显得尤为紧张。虽然已经找来了医生帮助安妮生产，而且医生也已经表明了产妇跟胎儿的状态都十分良好，他还是不安地在窄小的房子里来回踱步。不久，安妮的腹部出现了阵痛，为了能够待在安妮身边为她鼓劲儿，彼得想出了一个安置小乔安娜的办法。他在厨房找到了一个面团，那是原本打算用来做姜饼的材料。彼得把面团拿给小乔安娜，让她坐在婴儿车里自己玩，于是便进了安妮跟医生他们所在的卧室里。折腾了大概 3 个小时，黛安娜顺利降生。当欣喜若狂的彼得冲到起居室想把小乔安娜也抱过来看看可爱的妹妹的时候，才发现这个还不到两岁的小家伙已经快把那一块生面团吃光了。

彼得吓坏了，担心小家伙会不会被面团堵住呼吸道，却发现那个小东西此刻正对着自己笑，小手还在不断将剩余的面团往嘴巴里塞。即使是到了今天，乔安娜·罗琳依然对那段幼年的经历记忆犹新，虽然那个时候她还只是个很小很小的婴儿，不过这段记忆还是被保存了下来。

黛安娜的出生给这个家庭带来了更多的欢乐。安妮每天都觉得自己像是一只欢快的云雀，哪怕是穿行在晾晒着的无数婴儿尿布中间，脚步依旧轻快得犹如舞蹈。她以前从来没有体会过这种愉悦的心情，这是两个从她和彼得的灵魂中分离出来的小生命，她第一次体会到珍爱一样东西胜过自己生命的感受。

但是有问题出现了。四口之家居住在耶特的小房子里，空间显得十分局促。于是，罗琳夫妇商定，带着两个年幼的女儿搬到了距离耶特 4 英里之外的温特本尼的尼克勒斯巷 35 号。那里的房子要比耶特的大得多，而且有着像模像样的街区，罗琳夫妇希望他们的孩子可以在那里健康快乐地长大。

第三节　小兔子的故事与圣迈克大教堂

在尼克勒斯巷的房子里，小乔安娜与小黛安娜在一天天地长大。因为姐妹俩年纪相近，长得又很相似，甚至连名字的发音都非常接近，安妮很喜欢把她们当作双胞胎来打扮。扎一样的小辫子，穿一样的连衣裙，一样的白色长袜。每次彼得跟安妮带着两个女儿一起去商店街购物的时候，总是会接收到很多羡慕的目光。

自从安妮的身份由妻子上升为母亲之后，她对于家人与家庭的意义也产生了更加深刻的认识。她把家里收拾得井井有条，虽然这房子也算不上宽敞豪华，但是到处都充满了浓浓的生活气息。挂满了厨具的厨房，被旧沙发映衬得拥挤不堪的起居室，飘着牛奶香气的卧室，乔安娜与黛安娜就在这样温暖的小房子里整日嬉戏玩耍，度过了一天又一天的安逸童年。她们会趁着妈妈准备晚饭的当口搞恶作剧，或者是在那些挤在一起的家具中间玩捉迷藏。安妮准备好了食物会大声招呼她们，这时候她们就会兴奋地从床底下或者旧沙发的后面钻出来，不顾一脸一身的灰尘，向着妈妈的怀抱猛冲。

功夫不负有心人，彼得在布里斯托尔的飞机引擎工厂找到了一份实习工程师的工作。他非常有信心能把这份工作做好，这样的话，他的收入就完全可以养活这一大家子人。实习工程师的工作并不轻松，但是每当彼得在傍晚回到家，看到自己的妻子与一双女儿在家里嬉笑打闹的场景，一天的疲劳感就会神奇般地消失无踪。每到这种时候，他都会丢下公文包，把两个小公主抱起来，用胡茬儿挨个扎她们白嫩的小脸。

妹妹黛安娜总是喜欢跟在乔安娜的身后，就像是一根小尾巴。而乔安娜在这种时候也会极力表现出一个成熟姐姐的风范，牵着妹妹的小手在家中"探险"。乔安娜对于新家充满了好奇，并不只是因为来到了一个新环境的缘故，更重要的是，在罗琳一家搬到尼克勒斯巷的房子之后，他们多出了一个大书房。其实这书房在成年人的眼里并不算大，但是在小小的乔安娜眼中，这里就像是一个充满了未解之谜的神秘王国。她经常带着妹妹去书房"冒险"，因为那个房间总是萦绕着一种陈旧纸张的味道，加之那是一间不怎么能接收到阳光的房间，即使在白天光线也有一些晦暗，高大的书架，数不清的厚重书本，让乔安娜觉得自己似乎来到了一个魔法的王国。她有时候甚至觉得，那高大的书架后面没准儿还藏着一条隐秘的暗道，可以直通到一个不可思议的地方。

安妮喜欢读书，这一点无疑对乔安娜与黛安娜产生了极大的影响。只要安妮做完了家务活儿，就会陪着姐妹俩一起窝在书房里，她们不少的时光都是靠读书来打发的。这个书房的全部藏书中，有一本名叫《柳林风声》的书。那是乔安娜在 4 岁的时候由爸爸读给她听的。当时她得了麻疹，心情低落又没有食欲，但彼得读的这个故事却让她倍感安慰。《柳林风声》是英国人肯尼思·格雷厄姆所写的一本童话故事，是一本适合一家子人围在壁炉旁边一起听的好故事。乔安娜十分喜欢那里面的动物角色，直到现在，乔安娜·罗琳仍然由衷地喜爱着这本故事书。"哈利·波特"系列当中，赫奇帕奇学院的象征是一只獾，就是来源于这本童话。

不过，小孩子就算再如何热爱读书，也是没办法做到每天都安安静静地待在书桌后面一动不动。对新房子的热情慢慢冷却的姐妹二人，开始对外面的街区马路产生了浓厚的兴趣。她们结识了隔壁的邻居，那是一对姓波特的兄妹，年岁跟乔安娜差不多。熟悉起来之后，他们经常凑在一起做游戏。乔安娜是四个孩子当中最年长的，也就自然而然地担任起领队的角色。他们各自从家里找来黑色的布披在身上，玩巫师和女巫的游戏。他们甚至把家里用来打扫庭院的扫帚都偷偷拿了出去，骑在上面，笑嘻嘻地从街区的一头跑到另一头，脑中想象着自己是在天上飞翔。玩累了，他们就聚在一起，坐在街边的长椅上闲聊。波特兄妹跟黛安娜都十分喜欢听乔安娜讲故事，而乔安娜也很享受被小伙伴簇拥的感觉，因为她可以借着这个机会把她喜欢的那些故事分享给其他人。

乔安娜的故事多半来自于她家大书房的藏书，不过她最喜欢讲的还是《柳林风声》中那些动物的故事。她会用自己独特的、夸张的方式表述出来，偶尔还会加入一些自己的即兴发挥，大家听得津津有味，仿佛那些动物真的就在自己眼前一样。乔安娜意识到，这种被大家认可的感觉似乎非常具有魅力，她希望能够有更多的故事讲给她的朋友们听。于是，乔安娜将更多的时间花费在读书上，甚至还希望自己也能编出一个有趣的故事来。

这个机会很快就出现了。

波特兄妹家里养着一只白色的长毛兔，毛茸茸的，憨态可掬。黛安娜无比喜欢那只小动物，她希望自己也能在家里养一只。可是安妮有很多家务要做，还要照顾两个孩子跟彼得的饮食起居，实在没有精力再照顾别的小动物了。黛安娜有点失落，不过还是能够体谅妈妈的辛苦。乔安娜也很想要一只长毛兔，但是自己必须在妹妹面前做出表率。为了安慰黛安娜，她索性编造了一个关于小兔子的故事，黛安娜则成为了这个故事的主角。

某日，黛安娜独自蹲在树下看蚂蚁搬运食物，无意中发现了树根底下有个大洞。黛安娜不小心跌入了这个洞里，她像爱丽丝那样一路下滑，过了好久才滑到洞底。那里住着长毛兔一家，它们穿着华美的衣服，还会说人类的语言。它们为了安慰跌下来的黛安娜，便拿出好多鲜红的草莓给她吃。长毛兔家的孩子小兔子患了麻疹，每一天都只能躺在家中的病床上养病。黛安娜便鼓励它，还讲了很多有趣的故事给小兔子听，他们很快就变成了好朋友。后来，好多动物都来到长耳兔家看望小兔子，其中有猪先生跟狐狸小姐，还有蜜蜂小姐……

乔安娜绘声绘色的描述让黛安娜忘记了无法饲养小动物的失落，黛安娜甚至相信自己已经有一只小兔子了！只是它现在还生着麻疹，需要在自己的窝里休养。

那时候，乔安娜还不到上小学的年纪。而这一段看似孩童天真烂漫的想象，却开启了一扇充满了魔力的大门，大门后面就是乔安娜注定平凡而又不平凡的人生。

罗琳一家在尼克勒斯巷的房子里生活了大概 8 年的时间，1974 年的时候，他们搬到了威尔士附近的一座小石屋中。那里曾经是教堂小屋，就在圣迈克大教堂的附近，而且与塔茨希尔学校只隔了一条街道。以后罗琳家的姐妹俩可以在这里继续读小学，如此近的距离真的是再好不过。教堂小屋价格经济，附近又有迪恩森林美丽的田园风光，简直没有比这里更适合罗琳一家居住的地方了！

他们很快买下了这栋小屋并搬了进去。乔安娜与黛安娜对未来的生活仍旧充满了好奇心与兴奋感，只是这一次搬家要与相处了多年的小伙伴波特兄妹告别，姐妹俩的心中还是忍不住有些悲伤。不过在成长的道路上，悲伤与坎坷总是在所难免的。再过几个星期就是进入新学校学习的日子了，姐姐乔安娜面对的问题开始变得比搬家或者伙伴分别更加复杂。

第四节　鼻涕虫乔安娜

乔安娜继承了妈妈的爱好，热爱阅读。因此，她对于上学这件事情一直充满着热情。在尼克勒斯巷居住的时候，乔安娜和妹妹一直都在离家大概 5 分钟路程的英格兰圣米歇尔教会学校读小学。乔安娜很喜欢那所学校，正因为她对阅读和汲取新知识有着无比的热爱，因此，窗明几净的学校成了她除家中书房之外最喜欢去的地方之一。

乔安娜对学校的热情一直表现得十分坚定，直到因为搬家而转入另外一所教会小学——塔茨希尔教会学校之后，她那充满阳光一般绚丽的金色美梦被狠狠地击成了碎片。

正所谓"希望越大失望越大"，乔安娜上了新小学之后才发现，那里的生活并不像原来那样单纯惬意。这所学校带给她的感觉，跟之前的那一所完全不同。没有了维多利亚时代的小凸窗，没有了充满温暖阳光的教室，取而代之的是古老教堂一般的阴森建筑物，身边的同学全都是陌生人，他们要么一脸惊慌不知所措，要么表情麻木神色黯然，乔安娜也不自觉地受到了这种情绪的感染，内心开始不安地敲起了小鼓。

乔安娜入学的那一天正赶上学校给全体师生开大会，因为学校每隔一段时间就要给每个班级分配新老师。学生们被安排在大礼堂内，按照班级的分类站好，听校长训话。校长是一位老绅士，他有着典型英国人的灰色眼珠与鹰钩鼻，看起来干练而又严肃，身上的衣着也是老派英国人的穿法。这位校长目光如炬，这让乔安娜感到一种莫名的压力。校长先是宣读了校规，紧接着就开始向大家介绍这一次的教师分配情况。

分配到乔安娜班级的老师是一位矮胖的中年妇女。她有着一头棕红色的卷发，脸上的肉很多，微微有些下垂，眼神严厉认真，嘴角也总是紧紧地抿着。乔安娜对眼前这位叫作维多利亚·摩耶的女教师感到有些害怕，而后来发生的事情叫她更加坚定了自己的判断。大会结束之后，学生们排着队，在教师的带领下回到教室，他们即将开始一天的学习生活。第一堂课结束之后，乔安娜发现，摩耶夫人十分喜欢用叹气来表达她的不满，她说话的音调比她的身高要高上不知道多少倍，有些尖锐刺耳，而且从不微笑。在她的课堂上，没有哪个孩子敢捣乱或者是溜号。

最要命的是，摩耶夫人对大家宣布，她会在下午进行一场数学测验，之后会按照考试成绩的高低来分配座位。成绩好的学生就可以坐在教室左边的一排，也就是被摩耶夫人称为"聪明人"的一排，而成绩不理想的学生就只能坐在教室的右边，被称作"愚钝"的一排。乔安娜精神紧张，当她拿到考试卷子的时候，她甚至发现里面有很多内容是自己在之前的学校完全没有学过的。这样一来，乔安娜的考试成绩自然不理想，结果她只能被安排坐在

"愚钝"的一边。

这对乔安娜可是一个不小的打击。毕竟从小到大,她在妹妹与其他小伙伴面前一直都是充当领导者的角色,这一次考试的失败让她感到心灰意冷,对学校的热情也一下子减少了很多。到了下午放学的时候,前去校门口迎接女儿的安娜看到一个哭得一脸狼狈的可怜小女孩歪歪扭扭地背着书包往大门这边走,那正是乔安娜。她身上穿着塔茨希尔教会学校的校服套装,上面是浅蓝色鸡心领毛衣与白色衬衫,下面是深蓝色百褶裙。她的袖口上沾着不少蓝黑墨水的污迹,脸上也有一些,看样子是在哭鼻子的时候不小心抹上去的。

安娜走过去,蹲下身子搂住这个可怜的小家伙,微笑着轻轻亲吻她的头发。看到妈妈的乔安娜再也忍受不住悲伤,呜呜地哭出了声。

真是糟糕的第一天。

乔安娜是由妈妈抱着回的家,她的心中感到无比委屈,还有一点点觉得丢脸。可乔安娜是一个内心倔强的孩子,认识她的人都觉得她是一个温柔娇小的姑娘,但只有熟悉她的人才会清楚,她不声不响,却总是有自己的主张,她的内在并不像她的外表那样顺从,而这种性格始终跟随乔安娜·罗琳,直到今天。

逐渐冷静下来的乔安娜,开始在内心思索应对摩耶夫人的办法。她找出自己的数学卷子,请爸爸来帮助她修改上面的错误,彼得自然是欣然应允。此后很长一段时间,乔安娜在数学与其他科目上面都下了很大的工夫,成绩自然也是突飞猛进。很快,她在教室里的座位就从"愚钝者"变更为了"聪明人"。可是这并没有使她感到快乐,因为她牺牲了很多与同学交往的机会,也不能再像以前那样无忧无虑地和妹妹玩耍,这些都叫她感到有些失落。

乔安娜很喜欢狄更斯的小说,无论是《大卫·科波菲尔》还是《雾都孤儿》，都是她喜欢的文学作品。那阵子，乔安娜正在读一本狄更斯很著名的小说《远大前程》，她觉得，狄更斯在书中对于少年人物匹普的描写跟她现在的处境十分神似，都是坐在阴沉又古老的大房子里，用着木质的有盖板的书桌，神情麻木，神经紧张。她甚至觉得自己就是匹普，而摩耶夫人则是那位古怪又神经质的郝薇香小姐，那位从故事伊始就总是叫匹普感到胆战心惊的老女人。

乔安娜在塔茨希尔教会学校的小学生活一直持续到 1976 年。那一年的秋天，11 岁的乔安娜进入了离塔茨希尔学校大约两英里远的韦迪恩综合中学继续学业。终于可以结束这"噩梦"一样的小学生活了，这对于乔安娜来说无疑是一件值得庆幸的事情，但同时她也开始担心，韦迪恩中学会不会也有一位令她倍感恐惧的"郝薇香小姐"呢？

第二章　中学时光

——另一个赫敏·格兰杰

升上中学的乔安娜·罗琳俨然就是"哈利·波特"系列故事中的赫敏·格兰杰。她整日都腻在图书馆里，把所有精力花费在功课上。乔安娜本以为在课堂上的拉风表现能够博得同学们的好感，不过结果似乎恰恰相反。

第一节　耳光

　　韦迪恩中学是一所公立学校，距离塔茨希尔教会学校并不远，塔茨希尔的学生在毕业之后多半都会选择在这里读书，乔安娜也不例外。这是 1976 年的事情，那时候的她已经是一个 11 岁的大姑娘了，虽然还是会对全新的校园生活产生一些无法避免的紧张感，但却不会再像小时候一样动不动就哭鼻子。

　　她开始重新审视自己的校园生活。现在看来，这并不是一件多么复杂的事情，但是在一位 11 岁的少女的眼中，这是一件需要立即就确认下来的未来方针。那就是，她究竟应该继续把心思花费在学业上，还是应该多把自己的业余生活用在交朋友上。乔安娜·罗琳一生重视友情，这是在她很小的时候就已经形成的人生观。就算是在后来创作的"哈利·波特"系列作品中，她仍旧这样贯彻着自己对于友情的态度。这件事情使乔安娜一直思索到了开学，她还是没有一个明确的答案。

这件事情本身并不是一个很难确定的问题，但是由于之前摩耶夫人带给了乔安娜无比深刻的恐惧感，以至于她误以为在韦迪恩她还是会遇到那种强势的教师。她整日都紧张，却又不希望被别人发现，她想给同学们留下一个好印象，以便自己可以认识更多的好朋友，结果这使她身不由己地陷入了一个思考怪圈。她努力让自己表现得亲切又富有知性，以便赢得他人的好感，却偏偏变成了课堂上的"万事通"小姐。

　　每一次老师在课堂上提问，她都会毫不犹豫地第一个举手并且完全正确地作出回答。这件事逐渐传遍了整个学校，大家背地里都用"自命不凡"来形容乔安娜·罗琳小姐。这一点令乔安娜觉得非常郁闷，这种"万事通"的状态大概持续了一年左右，她依旧仅收获到了知识与老师的赞誉。随着年龄的增长，乔安娜开始不再注重这些看起来既出风头又愚蠢的行为，她将大把的时间花费在阅读上，虽然她的成绩依旧保持着优异，却很少再像之前那样争着举手答题了。

　　乔安娜的阅读范围开始变得更加广泛，她不再只专注于狄更斯的小说，她开始将视线转移到简·奥斯汀的作品上去。她喜欢读《傲慢与偏见》和《爱玛》，还有《曼斯菲尔德庄园》。在乔安娜14岁的时候，她读了一本名叫《爱人与背叛者》的书。那是婶婶送给她的圣诞礼物，是一本由一位名叫杰西卡·密特福德的女作家撰写的文集，那里面不仅描述了密特福德小时候与妹妹无忧无虑的童年时光，还有作者后来的感情经历与生活经历，密特福德甚至还参加过西班牙内战。那种叛逆、独立而又坎坷的人生经历，给14岁的少女乔安娜留下了十分深刻的印象。她甚至觉得自己内心中某些沉睡的情绪被唤醒，那种浪漫的理想主义与女性独有的坚强特质无时无刻不在影响着她的人生观。《爱人与背叛者》与杰西卡·密特福德确实对乔安娜·罗琳产生了不小的影响，以至于她后来采用了作者的名字杰西卡来为自己的女儿命名，只不过这都是好多年之后的事情了。

随着"万事通"称号的逐渐冷却，乔安娜身边的朋友也逐渐多了起来。因为大家发现，这个总是有些自负的姑娘并不像看上去的那么高傲。她时常会感到害羞和不安，也有着温和可亲的性格。更主要的是，乔安娜的肚子里似乎总是有说不完的有趣故事，跟她在一起聊天永远都不会觉得闷！乔安娜也很乐于把自己虚构的逸闻趣事讲给大家解闷儿，而之前在刚入学的时候困扰她的那个问题，已经彻底被她忘记了。因为即使不用积极发言，她一样可以赢得大家的喜爱。

只是命运无常，麻烦总是与好运气接踵而至。

韦迪恩学校有那么一小撮儿由不良少女组成的小团伙，她们会在休息日的时候抹着艳丽的浓妆在街区马路上闲逛。虽然那只是一些处于叛逆期的小姑娘，但在还是孩子的乔安娜眼中，她们仍旧显得有些可怕。不过她自认平时与那些人并没有交集，自己应该不会有什么麻烦。

某一日放学后，在学校走廊的置物柜旁边，乔安娜刚刚拿出自己的外套套在身上，就被那几个高大的浓妆姑娘堵住了去路。

"嘿！"

她们当中有一个人招呼着，那个人戴着一大串银光闪闪的耳环，身材有些胖，穿着一件粉红色的晕染 T 恤衫，皮肤微微泛着小麦色，看上去像是做了日光浴。

"优秀的万事通小姐？"

其余的人都哧哧地笑着，慢慢将乔安娜围在中间。乔安娜心中打起了小鼓，脸上却依旧不动声色。她很担心自己受到伤害，但是倔强的性格在这个时候占据了上风，她迫使自己很快冷静下来，抬头打量了一下那些抹着浓妆的脸。

"有什么事情？"

话还没有说完，那个小麦色皮肤的姑娘就抬手抽了一下她的脸。乔安娜始料未及，她并没有想到对方居然会不分青红皂白地动手打人。那个姑娘并没有用多大力气，那个动作看起来更多地像是在挑衅，不过任何一个人都不会容忍其他人对自己做出这样粗鲁的行为，乔安娜也不例外。那姑娘动了手之后，继续跟她的同伴说道："看看，我们的优等生好像就要发火儿了呢……"

不过这一次轮到她倒霉了，乔安娜也没有给她留讲完话的机会。虽然当时的乔安娜瘦弱又矮小，却还是一下子将那健壮的姑娘扑倒在地。她们两个扭在一起，相互拉扯对方的头发跟衣领。健壮姑娘的几个手下完全看呆了，她们实在没料到那个瘦弱的金发女孩会那么干脆地扑过来，一时没了主意。那个小麦色皮肤的姑娘杀猪一样号叫着，脸上的浓妆都被抓花了，虽然她最终还是将乔安娜从身上甩了下去，但之前的气势已经完全没有了。她们一边恶狠狠地瞪着乔安娜，一边骂骂咧咧地走开了。而此刻，从来没有打过架的乔安娜，脑子里冒出来的居然是杰西卡·密特福德与西班牙内战战场这样的字眼，把她自己都吓了一跳。

乔安娜"一战成名"，她的朋友们对她勇斗不良少女的行为大加赞许。不过在那之后的很长一段时间，乔安娜还是要在操场上躲着"浓妆团"走路，毕竟她并不觉得自己是惩恶扬善的女英雄，也不希望给自己带来太多的麻烦。

第二节　烦恼的朋克少女

　　与不良团体的"一战"之后，乔安娜消沉了许久。这并不仅仅是因为骚扰而产生的烦躁，更多的是慨叹那些浪费在无聊事情上的时光。她继续大量地阅读书籍，虽然她并不想要靠文字来打发时间，但是乔安娜却发现，在没有读书的时候，她的大脑完全静不下来。

　　因为糟糕的事情并不只有不良少女团体这一件。

　　搬到威尔士之后的罗琳一家，继续着他们的生活。随着姐妹俩的长大，一家人的生活费用也在相应提高。彼得仍旧在布里斯托尔的劳斯莱斯工厂工作，不过他早就已经不是学徒工了，他的工作非常出色，现在的收入已经完全够支撑一家四口的开销，而且还绰绰有余。可是，安妮是一个闲不住的人，之前一直做家庭主妇是因为罗琳家的两姐妹年纪还小，需要母亲的照顾。而现在，她们全都已经升上了中学，完全有能力照顾自己的日常起居。安妮希望能有一个机会让她重新回到社会中去，恰巧韦迪恩中学的化学实验室需要一个技工，安妮去参加了这份工作的面试，并且得到了这份工作。

安妮很高兴，她喜欢读书，自然也十分喜欢充满浓郁书香气息的校园。她为人温和热情，很受其他同事与学生的喜爱，安妮在韦迪恩中学的工作如鱼得水。每天早上，她都跟乔安娜和黛安娜一起走进校园，下午放学的时候还会相约一起回家。远处看上去，她们三个就好像是感情十分要好的姐妹。

不过乔安娜每次见到母亲，心中都会觉得沉甸甸的。因为安妮最近的身体状态似乎出了一些问题，她的身体行为开始变得有些迟钝，尽管脑子能很清楚地下达了指令，身体的反应却很缓慢。彼得带着安妮去医院检查了很多次，却也没有什么结论。安妮很乐观，她把这些问题归结为自己最近太过疲累，好好睡觉才是最有用的治疗手段，但是敏感的乔安娜似乎并不这么认为。

乔安娜有生以来第一次产生了一种近似于无助的不安，她很担心母亲的健康，却又不知道在母亲身上究竟发生了什么。她总是感到害怕，不知道安妮会不会因为生病而离她而去，她总是忍不住把事情朝着最坏的地方想。这是大多数人都会有的思维轨迹，乔安娜也不例外。但是每当她看到安妮的笑脸，似乎又觉得自己的担心有些多余。这种矛盾的情绪一直煎熬着乔安娜的内心。

安妮是一位细心的母亲，她并非完全没注意到女儿的心理变化。为了安慰乔安娜，安妮开始教她弹吉他。安妮在年轻的时候就弹得一手好吉他，在韦迪恩中学的工作结束之后，她也会帮助塔茨希尔青年俱乐部搞一些活动。

吉他暂时拯救了乔安娜。她是一个很有音乐天赋的人，她学得很快，也很享受那种被美妙声音包裹着的感觉。无论弹奏出的是欢快的曲子还是悲伤的曲子，她的内心总会感受到无比地平静。那些柔美的音符似乎充满了魔力，在弹奏与倾听之间，乔安娜觉得自己的思维变得像旷野一样辽阔，甚至只要闭上眼睛，那些唯美的虚构场景就会立即呈现在她的面前。

虽然弹吉他能带来一丝安慰，但乔安娜依旧执着地对朋克音乐保持着热情。她热爱那种压抑又叛逆的情绪，因为那是对于她现状的最佳诠释。她希望获得自由，希望能够像杰西卡·密特福德那样，用双臂去拥抱伟大的梦想。而她的现实却只有学业的负担、不良少女的麻烦、一无所知的未来，还有母亲的健康。

乔安娜悄悄地进行着自己的文学创作，还尝试着写过一篇名字叫作《七颗受诅咒的钻石》的故事，她梦想能够成为一名作家，她希望自己编写的故事能够被更多的人阅读，只不过她从未对学校里的任何人提到过这个梦想。

但是有一个人却发现了乔安娜的写作天赋。

乔安娜在韦迪恩中学的英文老师名叫萝西·莱菲尔德。萝西是一位年轻的女性，有着奔放的热情与追求自由的内心。她经常在课堂上告诉班里的女学生，即使作为女性，也应该为了家庭生活而努力打拼。她们需要做一些事情去证明自己的价值，而并非成为某一个人的附属品。她们也有权利追求美、追求爱，哪怕只是一份自己喜欢的工作。这种观点对于乔安娜来说无疑是新鲜而有力的，因为这些对自由的追求和向往与杰西卡·密特福德的某些观念不谋而合。

萝西对于乔安娜在文学上所表现出来的能力相当肯定，这一点从乔安娜的英文成绩与课堂作文上就能够看得出。萝西是个个性严谨的教师，她除了在写作技法上给乔安娜提出了很多建议之外，还叮嘱她，想要成为一名合格的作家，就需要具备一颗始终如一、毫不懈怠的恒心。虽然这时候的乔安娜已经是充满了叛逆心理的青春期少女，可是这个叮嘱却一直被她记在心中并且贯彻始终，哪怕她在后来的人生旅途中遇到了无数令人绝望的困境，她仍然能够凭借自己的恒心坚持到最后。即使到了现在，乔安娜·罗琳仍然与萝西保持着联系，因为她是乔安娜学生时代最尊敬的教师之一。

第三节　邂逅韦斯莱

安妮的健康状况每况愈下。虽然她仍旧保持着一如既往的乐观与微笑，但是身体的不协调却表现得越来越明显，后来甚至发展到连进食的汤勺都拿不稳的程度。乔安娜的内心变得愈加沉重，每次看到安妮的脸，她都会感到痛苦不堪，但她必须支撑着自己的笑容，希望这能对安妮的病情有所帮助。

彼得一直不离不弃地照顾着安妮，尽管自己的妻子已经没办法再像以前那样做一个家务活行家里手的家庭主妇，但是彼得还是觉得十分开心，因为他总算是能为安妮做一些什么了。直到某一日，正在韦迪恩校实验室上班的安妮突然晕倒在地，他们乐观的态度也就此终止。

那是一个天气十分糟糕的上午。天空灰蒙蒙的，坠着厚重的乌云，仿佛是憋着一场大雨似的，气压低得叫人喘不过气来。坐在韦迪恩中学教室里的学生都有些昏昏欲睡，就连教师们都没有力气去提醒他们好好听讲。乔安娜偷偷朝着窗外的天空张望，眼皮也有些沉甸甸的，脑子一阵阵地发晕。走廊里，一阵急促的高跟鞋的声音由远及近，接下来是开门的声音。

"对不起，莱菲尔德小姐，我可以跟罗琳小姐说几句话吗?"

昏昏欲睡的学生被这声音吸引，都望向教室大门的方向。原来是实验室的卡洛夫人，她身材有些肥胖，个子也不高，但是性格却比塔茨希尔教会学校的摩耶夫人不知道要好上多少倍。尽管如此，乔安娜还是对这位卡洛夫人敬而远之，因为她实在没法对这位酷似摩耶夫人的教师产生更多的亲切感。

听到卡洛夫人喊她的名字，乔安娜只得离席，跟着这个矮胖的妇女走出了教室。

来到走廊的角落，卡洛夫人站定了看着乔安娜的眼睛："我亲爱的孩子，我来是要告诉你一件事情。不过我希望你听了不要太激动，你的母亲安妮刚刚在实验室晕倒了，现在已经被送去了医院，你可以放学之后直接去医院看望她。但是我猜你不会忍到那个时候的，如果你想早退，我可以帮你与你的任课教师解释原因。"

乔安娜记不清自己是怎么到达医院的，只是记得在洁白的病床上，母亲躺在那里睡得正沉，她的额角磕破了，贴着厚重的纱布，上面还有一些红色印迹，不知道是渗出来的药水颜色还是安妮的血迹。乔安娜想哭，却又觉得不太合适，毕竟自己是来探病，而不是参加葬礼，她不希望给母亲增加任何的心理负担。她轻轻走过去，握了握母亲的手，就又悄悄地退出了病房。

这次诊断的结论是，安妮患上了一种叫作"硬化症"的疾病。这种疾病是由神经系统的坏损引起的，患者最后将会变成头脑清醒但身体完全无法自由控制的状态，不过随着脏器的逐渐衰竭，清醒的头脑最终也将会被硬化症所侵害。

诊断结果无疑给这个四口之家带来了巨大的打击。乔安娜悄悄查阅过这种疾病的相关资料，这是一种令患者无比绝望的疾病，特别是对于像安妮这种正值壮年、充满活力的女性来说。更残酷的是，这种疾病目前还没有治愈的方法。现实的无奈感无时无刻不在压抑着乔安娜的内心。她开始抽烟，化浓重的朋克眼妆，手腕上缠满了打着铆钉的皮腕带，却仍然无法排解掉心中的空虚与不安。尽管如此，她的成绩在学校依旧名列前茅，因为她不愿意让安妮担心失望，认为她已经成为了一个堕落的少女。

正当乔安娜百无聊赖、痛苦不堪的时候，她遇到了她生命中十分重要的一位朋友，谢安·哈里斯。谢安是在乔安娜六年级的时候转学来的，他是韦迪恩中学对面一个驻军部队里的军人的儿子。不知道是不是受到军人家庭的影响，谢安总是充满了活力与干劲儿，他是个开朗的小伙子，有着俊逸的外表与高挑的身材，梳着当时流行的朋克发型，这个男孩的出现把乔安娜彻底从无聊透顶的绝望生活中解救了出来。

乔安娜一家是后来搬到威尔士的，而谢安的老家也不在这边，因此他们俩在说话的口音上与当地人有着不少出入。而这一点，让他们俩觉得自己都是这个群体中的"异类"。年轻人的友谊总是会以一个很奇妙的理由作为开始，很快，他们就成为了无话不谈的好朋友。谢安喜欢称呼乔安娜为"乔"，这是从乔安娜小时候就开始使用的昵称；而乔安娜则喜欢直呼谢安·哈里斯的大名，她觉得这样听上去更亲切。谢安有一种与生俱来的幽默感，这让乔安娜觉得，只要跟这位老兄在一起，就永远不会有"无聊"这种负能量产生。

谢安有驾照，还有一辆属于自己的汽车。那是一辆老旧的福特汽车，每次发动的时候，老旧的发动机都会发出令人心惊的巨大声响，乔安娜一度担心这辆车会不会跑着跑着就散架子了。不过再如何破旧，这辆车仍然可以带着乔安娜与谢安去任何他们想要去的地方。他们可以离开韦迪恩中学，离开小镇，去更远一些的地方，以便暂时摆脱眼前的压力。从此以后，谢安成为了乔安娜的御用司机，每当乔安娜提出想去某处的俱乐部，谢安都会很绅士地答应她的要求。

这辆车给乔安娜·罗琳留下了极为深刻的印象。在"哈利·波特"系列小说的第二部《哈利·波特与密室》一书中，曾经有若干段过关于"飞车"的描写，弗雷德、乔治、罗恩开着一辆魔法改装汽车去女贞路接哈利回"陋居"，这里的"飞车"灵感便是来源于谢安的那辆老爷车，而罗恩·韦斯莱的人物原型，就是罗琳的挚友谢安·哈里斯。

结识了谢安之后的乔安娜，在生活琐事上似乎也开始发生一些变化。不知道是不是被谢安的活力所影响，乔安娜觉得以前困扰她的那些问题现在看来似乎都不算太严重。即使是母亲的健康状况，她也开始满怀信心地坚信，总会有解决的办法。她感到自己的生活变得有了一些色彩，虽然大部分时间还是花在图书馆与学业上，但是业余时间她可以跟谢安一起开车兜风，在河边抽烟喝酒，一直畅谈到天明。乔安娜很少对学校的同学谈及自己的苦恼，对谢安，她则不需要有什么顾虑。谢安先安静地倾听着，然后会给乔安娜一些鼓励。那些鼓励并不是一般意义上的敷衍，在乔安娜看来，那些鼓励给她的人生观带来了很多积极的影响。

然而，就在乔安娜信心满满地打算迎接新生活的时候，一个新的打击出现了。安妮面对自己日渐虚弱的身体无可奈何，有一天，她找来了律师，因为她想要趁着自己还清醒的时候留一份遗嘱。

第四节　学生会主席与学习尖子

在与谢安·哈里斯成为好朋友之后不久，乔安娜就被选为了韦迪恩中学的学生会主席。在英国，学校中的这个位置通常会由两名学生担当，一名男生一名女生，这样既体现了性别平等，又可以充分了解两个学生群体的不同想法与意见。学生会主席在一所中学里有着十分荣耀的光环，能够当选这个重要职位的学生除了要有聪明的头脑与优秀的学习成绩之外，更要有好人缘儿和良好的社交能力。这个职位通常是由整个学校的学生与教职员工共同投票选拔得出，因此，这更像是全校师生对这位学生全方位能力的一种肯定。

学生会主席风光无限，不仅可以协助教师对校内的其他学生进行管束，还能出席开学典礼、毕业典礼、贵客来访这种重大场合，并且作为学生代表发表一些演讲。这几乎可以说是校园里除了教师之外的"最高级别"，就连那些曾经找过乔安娜麻烦的"浓妆团"，现在也不敢轻易跑来挑衅。谢安替乔安娜感到高兴，因为这种荣誉并不是谁都能够有机会获得的，可是乔安娜却无论如何都高兴不起来。

1983 年 4 月，安妮决定找律师帮她立一份遗嘱，这件事让乔安娜刚刚丰富起来的人生又一次变得黯然失色。

再过上若干星期，乔安娜即将从高中毕业，迎接接下来的大学生活。乔安娜一直希望能去大城市上大学，她无时无刻不在担心着母亲的身体，但她更希望自己不辜负父母的期望，能够很好地完成学业。毕业这个字眼虽然包含着与旧友离别的伤感，但更多的是一种对于未来生活的期许。毕业是人生中一座十分重要的里程碑，标志着一个人即将结束目前的生活，迈入另外一种全新的状态当中。不过罗琳家长女的毕业，却显得有一些沉重。

安妮对自己的健康状况心知肚明，虽然彼得什么都不愿意对她说，可是她的心里还是能够感觉到一种深深的绝望。即使坚持吃药，她的运动机能仍然没有得到任何的恢复或改善。

安妮知道自己会变得越来越衰弱，虽然不知道这当中的时间需要几年、十几年或者是几十年，她开始着手计划自己的身后事，趁着头脑还清醒的时候。那一年，她只有 38 岁。

安妮有一位律师朋友，名字叫作乔纳德·弗朗西斯科。安妮给乔纳德打了电话，号码是彼得帮助她拨的，她的手指已经无法自由弯曲了。电话接通之后，安妮用颤巍巍的声音对着她的朋友讲了半天，对方才弄清楚意思，而电话听筒，也只能依靠彼得的帮助才能勉强举在耳边。

接到电话的乔纳德很快就驱车来到了罗琳家，不出两个小时，安妮的遗嘱就拟好了。她把自己所有的财产都留给了丈夫彼得，但是如果彼得比自己更早去世，那么她的一半财产就会由她的妹妹与妹夫平分，剩下的另一半将无偿捐献给硬化症研究学会。那阵子，罗琳家的空气就像暴风雨来临之前的海面那样压抑又沉闷，乔安娜之前的好心情也随着这份沉重的遗嘱而消失殆尽。

好像一直以来，一件好事也没有发生过。乔安娜总是这样郁闷地想，就连谢安的笑话都不如原来那么好笑了。茫然的日子一天天地继续，某日，乔安娜接到了韦迪恩校长的推荐信，由于她学习成绩十分优秀，又是学生会主席，韦迪恩中学决定推荐她去参加牛津大学的入学考试。

这个突如其来的消息令乔安娜心中很是纠结。纠结的源头要先从牛津大学的入学条件说起。牛津大学是全球知名的高等院校，能够去那里进修是很多人的夙愿，乔安娜自然也不例外。她对自己的功课很有信心，但是却仍然没有把握。牛津大学的学生生源也多半来自于学费昂贵的私立学校，韦迪恩中学是一家公立学校，乔安娜想从一所公立学校跻身牛津大学，其难度与挑战可想而知。

谢安鼓励乔安娜去试试，无论结果如何，毕竟机会难得。安妮与彼得也十分高兴乔安娜能有这样一个进入高等名校的良机。乔安娜的父母都没有上过大学，他们很希望自己的女儿能够帮他们完成这个心愿。再加上学校老师的建议，乔安娜也只能放手一搏。

经过了一段辛苦的复习准备之后，乔安娜·罗琳参加了牛津大学的入学考试。而接下来的日子，就只剩下了等待成绩单的忐忑不安。

第三章　身处异乡

——了然无趣的大学时代

与心仪的大学失之交臂，乔安娜带着遗憾踏上了通往大学的求学路。母亲的疾病让乔安娜的内心矛盾重重，枯燥的大学生活更令她身心疲惫。一段法国巴黎的留学时光暂时缓解了这种乏味的生活，借此机会，乔安娜拥有了宝贵的首次执教经历。

第一节　成人礼上的牛津来信

在英国，16 岁就算是成年了，不过心智是否成熟，那就是另外一件事情了。如果想要在公共场合公开喝酒，那至少要到 18 岁才行。成人，在人生旅途中是一座十分重要的里程碑，标志着一个人从孩童正式向成年人转变。从这一刻起，这个人必须要开始学习如何摒弃自己孩子的身份，学会如何不依靠父母的帮助去解决一些问题，同时，对未来也必须要有一定的打算。

1983 年的时候，乔安娜 18 岁，显然已经过了举行成人礼的年纪。最近的几年里，安妮的病情一直无法确诊，全家人都处在一种无比焦虑与低沉的状态中，没有心情为乔安娜举行成人仪式，这一直是乔安娜心中的一个小小遗憾。她曾经为此烦恼不已，却又不想说出来给家人带来麻烦。这一年，乔安娜的妹妹黛安娜已经 16 岁了，正是举行成人礼的时候。安妮的病情也已经基本确定，虽然这结果叫人绝望，却总比对自己的身体一无所知感觉要好许多。同时，乔安娜也刚刚参加了牛津大学的入学考试，彼得认为，罗琳家长久以来的压抑气氛应该借着这个机会好好地舒缓一下。况且，整天都无法自由行动的安妮更需要欢乐与陪伴。

现代的英国社会，有专门策划成年礼的职业组织。他们会根据客户的需要来制定各种各样的成年仪式策划，比如出远海去捕鱼、独自荒野求生，甚至还包括昼夜狂欢。这些看似毫不沾边儿的活动其实目的都只有一个，那就是直接或者间接地告诉那些孩子，通过这一关的考验之后，他们就将被视为成年人。成年人并非只意味着可以随意抽烟喝酒，更多的是需要培养自己独立解决困难的能力与拯救自我的勇气。不过相对于这些五花八门的成年仪式，罗琳家的庆祝方式就简单了许多。

这天晚上，彼得准备了一大桌丰盛的饭菜，一家四口打算在自己的教堂小屋中举行一个简单的庆祝派对。安妮生病之后，渐渐丧失了劳动能力，而彼得的家务技能与烹饪手艺却随着时间的推移日渐提高，他总是开玩笑说，也许自己当工程师是个错误的选择，他更具备厨子的潜力。

安妮很开心，因为他们一家人已经很久没有这样热闹地聚在一起吃饭了。她最近总是回忆起从前在尼克勒斯巷生活的往事，那时候两姐妹还是顽皮不堪的小女孩儿，而自己则是一个身体健康的年轻母亲。彼得坐在餐桌旁，耐心地用餐刀将安妮面前的肉排小心翼翼地切成小块，这样安妮就能很轻松地用叉子将食物送进口中。乔安娜今天的心情也很好，久违的笑容终于又一次出现在母亲的脸上，这让她的内心感到无比欣慰，就连对牛津入学考试的担心似乎都因此减弱了。彼得切完肉排，拿出了自己珍藏多年的葡萄酒，他先斟满自己与安妮的酒杯，又给两个女儿分别倒了一点。

"年轻的小姐们只能喝这么多。"彼得笑着说。

虽然酒很少，但是黛安娜还是显得很兴奋，她一直都对酒的味道十分好奇。而乔安娜显然比黛安娜淡定得多，毕竟她跟她的好哥们儿谢安经常相对豪饮，酒精的味道她再熟悉不过，完全不存在什么新鲜感。

彼得站起身来，端起酒杯说祝酒词。他的祝酒词非常短："敬我们的生活！"

黛安娜看着自己的爸爸咻咻地傻笑，彼得也慈爱地回应着那个笑容。大家端起酒杯一饮而尽，当然，安妮需要丈夫的协助才能完成整套动作。只有乔安娜，她的心中掂量着"生活"二字的分量，那种沉重感即使到了今天也依旧记忆犹新，红酒的味道很甜，却透着涩涩的口感。

他们一边享用晚餐，一边闲聊着一些琐事。这时，门铃声响起，乔安娜起身去应门，原来是邮递员送来了一封加急信。信封上面十分醒目的"牛津大学"字样一下子就揪住了乔安娜的心。她的心脏几乎是在一瞬间就启动了狂跳模式，这里面所写的内容将决定她今后的人生，乔安娜这样想着，手指似乎都有些发抖。餐桌那边，彼得在给安妮和黛安娜讲着一个什么笑话，但是乔安娜此刻已经什么声音都听不到了。她哆嗦着，迅速将信封撕开，扯出里面的信纸展开阅读。

其实在那一瞬间，乔安娜完全没有想明白自己的意图到底是什么，她当然不希望自己落榜，不过如果真的落榜，她做好充足的准备了吗？

"英文成绩——A，法文成绩——B，德文成绩——B，……不予录取。"

乔安娜落榜了，她感到失望透顶。在看到落榜结果的一瞬间，乔安娜才弄清楚，原来自己是那么渴望能够考入牛津大学，不过现在一切都成为了定局，结果无法改变。她觉得自己又重新被曾经那一团阴暗的浓雾包裹住了，刚刚的好心情瞬间荡然无存。餐桌那边的人终于发现了乔安娜神色异常，彼得走过来，看了看乔安娜手中的成绩单，他没有说什么，只是轻轻拍了拍她的肩膀，示意她回到餐桌旁边继续吃饭。重新坐回椅子上的乔安娜，望着盘子里还没有吃完的肉排，半点食欲也没有，口中只剩下刚刚那一小杯葡萄酒带来的涩涩口感。

晚些时候，她打电话给谢安，把这个消息也告诉了他，谢安的语气里充满了惋惜。乔安娜心里清楚，包括韦迪恩中学的老师与自己的父母在内，大家都会对这件事充满遗憾与失望。乔安娜后来在学校听说，其他中学的一个姑娘考出了与她相同的成绩，却被牛津大学录取了，因为那姑娘是在一所私立中学参加的考试，而韦迪恩只是一座公立学校，这个消息彻底将乔安娜的心打入了谷底。

与牛津大学的失之交臂给乔安娜带来了不小的打击。她本以为，考入牛津可以成为韦迪恩无数个枯燥岁月的完美总结，结果却成为了中学时代最后一个也是最大的一个遗憾。她对这里的回忆只剩下了痛苦与烦躁，以至于从那之后，乔安娜就开始拒绝穿任何跟韦迪恩黄色学生制服相同颜色的衣服，即使到了今天，仍旧如此。

第二节　第二志愿埃克塞特

牛津大学落榜，乔安娜一度陷入无限的失落中，她不再参加任何同学聚会，整日郁郁寡欢，这并不仅仅因为落榜产生的挫败感，更是她认识到这世界残酷一面的开始，虽然这件事情对比她之后的痛苦经历显得有些不值一提。乔安娜被迫开始考虑第二志愿大学的事情。她选择了埃克塞特大学，那所学校距离罗琳家的教堂小屋并没有多远，开车只需花上几个小时就能到达，甚至比乘火车的速度还要快。

彼得虽然是个慈爱又体贴的父亲，却为人不善表达，他能够理解乔安娜此刻的心境，却不知道该如何安慰失落中的女儿。在这之前，彼得已经为女儿去牛津大学的事情做了一些打算，虽然这些打算都是他与安妮在暗地里悄悄进行的。他们计算着学费与存款，彼得甚至打算等到黛安娜毕业之后再搬一次家，这样他们一家人就会离乔安娜更近一些。落榜使彼得夫妇的心中充满了遗憾，但他们毕竟是成年人，不会纠结于那些已经无法改变的既定事实。他们开始劝说乔安娜在埃克塞特大学选择一个务实的专业，这样对于将来的就业也有好处。于是，新的矛盾又出现了。

大多数家长或多或少都会产生这样的想法，自己的人生经验比儿女多很多，看问题自然也会比儿女透彻，他们通常希望孩子能按照自己画好的路线去前行，因为他们认为那是走向未来最便捷也是最平坦的道路。可是年轻人的内心却总是被叛逆情绪充满，身体被用不完的旺盛精力与似火的热情支配，比起坦途，他们更期待那种布满荆棘的冒险之旅。没有坎坷的青春根本算不得青春，这似乎是年轻人的信条。

乔安娜非常热爱英文，她酷爱阅读和写作，她一直希望能够读英文专业，虽然不能进入自己梦寐以求的学府，至少她希望能够选择自己感兴趣的专业。但彼得和安妮的看法则是，英文专业毕业生的就业面非常窄，而且薪资待遇也不会太高。他们希望乔安娜能选择法文专业，那么在她毕业之后，她可以去做双语秘书的文职工作，这类工作的市场需求量比较广阔。

乔安娜最终向父母妥协，选择了法文专业，这需要同时兼修罗马文学、古希腊文学等若干个相关科目。开学日期临近，乔安娜简单收拾了一下自己的行李，包括平时喜欢穿的长裙跟 T 恤衫、木吉他、几本素描本、朋克风格的布面夹克、眼妆必备的粗眼线笔，除此之外，箱子剩下的地方则全都被书本填满。

谢安负责开车送乔安娜去埃克塞特大学报到。那天，乔安娜的眼睛上化着烟熏眼妆，红发披肩，穿着劳动布做成的短夹克，下面穿着牛仔裤和运动鞋。彼得、安妮以及黛安娜正在教堂小屋的大门口等着跟她告别。乔安娜拥抱了家里的每个人，她发现母亲的身体瘦了一大圈，心里酸酸的，于是她亲吻了母亲的头发。他们相互挥手告别，乔安娜冲着父母和妹妹笑了笑，就转身向大门外走去。彼得至今仍然对乔安娜一手背着吉他、另一只手拖着行李箱的背影记忆犹新，那身影看上去似乎有些落寞，却又包含着年轻人特有的倔强。

谢安的旧汽车在公路上奔驰，乔安娜看着车窗外快速掠过的田埂与电线杆发呆。她已经成功逃离了这个无聊的小镇，还有母亲的疾病带给她的痛苦。她并非觉得母亲的病给她带来了麻烦，相反，她比谁都爱安妮·罗琳，但越是爱得深切，越是无法亲眼看着母亲在自己眼前一点一点地衰弱下去。乔安娜的内心很矛盾，距离母亲越远，那种逃离的轻松感反而变得愈发沉重起来。

新的大学校园生活并没有让乔安娜感受到多少亮点。不喜欢的学校，不喜欢的专业，这一切让乔安娜对于学业的经营热情瞬间降至零点。她开始旷课，经常缺席，有时候甚至连上课要用的学习资料都会弄丢。她多数时间都无法按照教师的要求完成课堂作业，没有几个任课教师能够记住她的脸，因为她出勤的次数实在是少得可怜。上了大学的乔安娜仿佛变成了另外一个人，这些都是她在中学时代完全不会出现的问题。

要说没有改变的地方也有两点，那就是乔安娜·罗琳对文学的酷爱以及对杰西卡·密特福德的崇拜。她一直十分认同杰西卡·密特福德的人生观与行事作风，那是个无比热爱自由、崇尚个性独立的女作家，是一个理想主义者，热衷政治。受到密特福德的影响，罗琳（也许我们应该开始称呼成年的乔安娜为罗琳了）觉得自己也是一个为自由而奋斗的理想主义者，正因为此，她更不愿意把许多时间花费在无聊的功课上，她选择把时间与精力花费在阅读各类书籍上。罗琳给自己制定了一张长得吓人的书单，然后她按照书单上罗列出来的名字去图书馆查找。虽然课堂上的教师或教授并不熟悉罗琳的样子，但是图书馆的管理员对她却熟识无比。因为要看的书籍实在是太多了，罗琳偶尔会发生忘记还书的情况，甚至有一次因为逾期还书而被罚了 50 英镑的款。

可是这种纯粹的阅读并不能使罗琳获得满足，她希望自己的经历能够变得更丰富一些，而不是像之前在韦迪恩那样每一天都在无聊中度过。埃克塞特虽然没有凶悍的摩耶夫人或霸道的"浓妆团"，但同时也没有谢安·哈里斯。罗琳希望能够遇到与她志同道合的朋友，不久，她发现了一个叫作"黑马酒吧"的地方。

第三节　黑马酒吧

　　埃克塞特的大学生活与之前的中学生活相比，有了更多的自由时间。罗琳在学校附近的某处租了间公寓里的小宿舍，算是安顿了下来。那是一个面积不大的小房间，只有一张单人床、一张写字桌、一把椅子、一个衣柜跟一只书架。房间的窗户朝着东边，白天的时候阳光十分充足，罗琳非常喜欢这间小宿舍。只是有一点令她不太满意，那就是这间房间的书架实在是太小了，没办法装下她的全部书籍。

　　为了解决这个问题，罗琳下了很大的工夫。她找了个周末，把所有的家具都搬出来，彻底把房间的地板清理了一番。之后，她去商店买了一大块廉价的地毯，那是一块大红底色的地毯，上面画着很抽象的绿色几何色块，样子简直难看得要命。罗琳一点也不喜欢这种图样，不过没有办法，好看的地毯都太贵了，她不得不考虑生活费的问题。她把地毯带回公寓铺好，倒是并不太担心那地毯的难看程度，因为它迟早都要被自己的书遮盖得严严实实。

一切都收拾妥当之后，罗琳打量着自己的房间。她十分满意现在的布置，有了地毯，她就可以把书本摆在地上，也不用担心它们被陈旧的木质地板刮坏了，还可以随心所欲地坐在上面读书。在温暖的房间里一边喝着热茶一边坐在地毯上读书，这种生活哪怕只是想象一下都会觉得无比幸福。在上大学之前，罗琳从未独自生活过，她对独居生活充满了好奇与兴奋。她还在窗台上养了一些绿色植物，后来甚至还养了几只小仓鼠，不过随着好奇心的逐渐减退，她对宠物的热情度也开始有所降低。后来，她把自己的仓鼠送给朋友饲养，窗台上的植物也只是浇浇水，不过由于阳光充足，那些植物倒也算是生长茂盛。

没有时间照顾宠物，除了热情消退这个原因之外，还有一个原因就是罗琳找到了一个更适合她的消遣场所——黑马酒吧。黑马酒吧就在距离埃克塞特大学不远的德文镇上，那是一个聚集着许多大学生的地方。埃克塞特大学地处一座小山的山顶上，向下俯瞰的小镇就是德文镇。这座大学兴建于 1855 年，算起来时间并不算长，学校内的建筑物也多半是当代风格的建筑。灰色的水泥建筑物从外观看上去很难区分它们之间的差别，这与之前罗琳就读的塔茨希尔教会学校的古老厚重相差甚远。这里的学生也多半来自差不多的普通家庭，有着保守的父母与传统的家庭观念，大多数都过着不愿意改变现状的循规蹈矩的生活。

而那些聚集在黑马酒吧的学生却多多少少有点看透了这小镇的生活状态，他们都在尝试寻找一种能够打破常规的生活方式，至少要给自己枯燥的日常生活找点儿乐子。他们喜欢听罗琳的故事，这叫罗琳感到无比开心，她甚至觉得自己仿佛回到了尼克勒斯巷的伙伴们中间。她有时间就会光顾黑马酒吧，跟那里的人凑在一起讲故事。罗琳的故事有着大批的听众，罗琳会把他们都编排到自己的故事中，生动的描述令那些学生觉得自己似乎真的经历了一场奇幻之旅。

乔安娜·罗琳用自己高超的故事技能结识了一大批朋友，有的人甚至慕名而来。那一段大学生活一直持续了两年多，罗琳觉得那段时光充满了自由与快乐。虽然她仍然旷课，荒废着学业，但是却觉得每一天都过得充实无比。她在自己的小公寓里弹吉他，画画，偶尔抽空照顾一下窗台上的花草。罗琳有着十分高超的素描技巧，因为绘画也是她在中学那无聊时光中修炼出来的技能之一。罗琳其余的时间就是阅读各种不同的书籍，她还在继续学习法语，但是课堂上的内容却令她完全提不起兴趣。

罗琳差不多每一天都往返于学校图书馆、黑马酒吧与小公寓之间，她的几位专业课老师几乎都一致觉得这只是一个对学习没有太大热情的普通学生，更别提在这个学生身上发现写作天赋或者是其他别的什么亮点了。到了期末考试的时候，罗琳的成绩自然是不甚理想，因为她甚至不知道自己应该准备什么去应付考试。她的成绩一直都徘徊在及格的边缘，出勤率少得可怜。她的语言系教授不得不建议她放弃希腊文学史与罗马文学史这两门课程的学习，因为教授认为，从她目前的成绩来看，这两门课程只会令她以后的学业越来越吃力。不过罗琳对这件事感到无比地遗憾，因为那两门课都包含大量的神话故事，而这些内容正是她所喜欢的东西。

时间过得很快，罗琳在埃克塞特大学的学习很快进入了第三年。这一年，学校举办了一次"法国实践活动"，加入活动的学生可以在法国巴黎学习一年。这是一次十分难得的机会，罗琳参加了这次活动并成功取得了资格。她即将前往法国巴黎进行一年的学习生活，这一段时光无疑将是十分难忘且值得回忆的时光，她将在那里体验到完全不同的文化氛围。罗琳对这段即将到来的巴黎时光无比期待。

第四节　巴黎时光

　　办理好了一切出国事宜的罗琳只等着出发。她抽出临行前的最后一个周末回了一趟教堂小屋的老家。彼得跟安妮还是老样子，安妮还是没有恢复健康，勺子都开始拿不稳了；彼得倒是很乐观，照顾着安妮就像照顾自己还不懂事的小女儿。黛安娜没在家，她也已经是一名大学生了，不过她比罗琳更务实，黛安娜的大学专业选择了护士。梦想一旦与现实需要重叠，才会显得更有分量和价值。

　　在回老家之前，乔安娜·罗琳已经打电话通知过父母自己要去法国读一年书的事情，罗琳夫妇简直开心得不得了，他们觉得这次的留学机会简直是至高无上的荣耀。乔安娜·罗琳在老家逗留了两天，就告别父母返回了埃克塞特大学。她的父母叮嘱她要照顾好自己，明年过圣诞节的时候一定要回家。

　　乔安娜·罗琳踏上了前往法国巴黎的旅途，对于前路的未知，她充满了好奇与兴奋。好奇心是罗琳一生中都没法改掉的"坏毛病"，但同时也是她一切创作灵感的来源。她幻想着卢浮宫的雄伟壮丽，塞纳河的安详柔美，巴黎圣母院的庄严肃穆，还有凡尔赛宫的宏大奢华。她的脑中搜索着每一个之前在书上读到的关于巴黎著名景点的信息，她决心利用有限的一年把她想要去的地方都去个遍。

罗琳与前往巴黎的其他埃克塞特学生一起住进了提前安排好的小公寓，不过罗琳并没有跟自己的校友安排住在一起，这小公寓里有来自世界各地的学生。小公寓宿舍是四个人一个房间，跟罗琳住在一起的有一个意大利人，一个西班牙人，还有一个俄罗斯人。她们虽然都有各自的母语，但幸运的是都能够用英语进行日常交流，只是口音有很大的差别。不过，罗琳更喜欢同她们用法语进行交流，毕竟她们现在所处的城市是有着"世界花都"之称的法国巴黎。

实践活动很快就开始了，罗琳他们此行的目的并不是换一个地方读书，而是与当地的学校进行学习心得与文化经验的交流。罗琳被安排教授法国学生英文课程，这是她第一次以教师的身份出现在大家面前，她感到既兴奋又紧张。对于自己再熟悉不过的英文课程，罗琳自然是胸有成竹，但是要面对那么多人大声讲话，罗琳的心中还是会感到紧张与胆怯。这件事情与和黑马酒吧的众人一边对饮一边讲故事是完全不同的。即使如此，她还是十分认真地准备着自己的教案，她希望自己这些年的书没有白读，她希望能够真的带给她的学生有趣的课堂内容。

罗琳把自己讲故事的特长在英文课堂上演绎得淋漓尽致，学生们对于这个有着生动描述与夸张肢体语言的年轻姑娘特别感兴趣。罗琳没有安排死板的课程内容，因为她自己已经烦透了那种照本宣科的教学模式，她希望能够把英文的有趣之处传递给其他人。她为班里的每一个学生取了一个英文名字，然后把他们分成若干小组，每个小组的学生都要用自己组员的名字编一个故事，然后用英文讲述出来，哪怕只是"露西、梅、卡罗尔，你们吃了吗"这样的简单句子！

学生们都兴奋得不得了，很快就展开了热烈讨论。罗琳鼓励他们说，即使那些所谓的故事有时候听起来十分古怪，就连"唐纳德说，他家的花园里躺着一只花猫，那张脸长得很像维克多"这类不知所云的句子都出现了。一堂课下来，一个犯困打瞌睡的学生都没有。罗琳的首次教学秀演出得十分成功！她开始觉得，如果以后有机会，自己也可以尝试做一名教师来谋生。

在学习交流的业余时间里，罗琳会跟自己的几个室友一起去参观巴黎的风景名胜，她十分向往的那些地方都印上了自己的足迹。巴黎是无数艺术家、流浪艺人、文学家、音乐家无比向往的圣地。巴黎被誉为"浪漫之都"，这里有着与其他城市完全不同的生活状态与文化氛围，轻松、散漫、写意，仿佛一切都散乱得不成样子，却仍旧乱中有序。这个大城市独具一格，一直都在用它自己独有的方式发展进化着。

罗琳深深地受到了这种文化氛围的感染，如果有机会，她真希望自己能一直留在这个地方。回想起塔茨希尔教会学校阴暗压抑的走廊，韦迪恩中学的无聊时光，母亲的疾病，还有埃克塞特灰得像死人脸色一样的教学楼，罗琳觉得这里才是她一直向往并且在不断寻找的生活色彩。她曾经很庆幸自己逃出了韦迪恩，可以去埃克塞特上学，每天晚上还能去黑马酒吧跟朋友一起侃大山，但是现在她才意识到，自己对于这世界广阔程度的认知还远远不够。虽然塞纳河的某些阴暗河沟看上去并没有像旅游指南上描述得那么美丽惬意，但是乔安娜·罗琳还是爱上了巴黎这座城市，爱上了这里带给她的那种难以言喻的自由之感。

　　快乐的时光总是一眨眼就过去。即使再如何留恋，乔安娜·罗琳的巴黎时光就要宣告结束了，如果可以，她真的希望自己能留在这里过圣诞节。不过她返回英国的时期日渐临近，而且她也答应过彼得与安妮，要回教堂小屋和他们一起过圣诞节。这短暂的一年给罗琳留下了十分深刻的印象，即使到了今天，罗琳仍然十分迷恋巴黎，因为那是她第一次开始了解广阔世界的地方。

第四章　初入职场

——格格不入的女白领

一成不变的文秘工作似乎是一座永远都无法冲破的围城。酷爱写作的乔安娜·罗琳试图运用一切可以利用的时间进行着文学创作。这是只属于她一个人的秘密，咖啡馆、小广场，这种让人心情宁静的地方都成为了罗琳安心静思的秘密花园。

第一节　四处打杂

　　回到埃克塞特大学的罗琳继续着之前那种周而复始的生活。泡图书馆、去黑马酒吧跟朋友聊天、读书，剩下的一小段时间用来应付各种烦人的考试。那阵子，罗琳迷上了托尔金的《魔戒》三部曲，那个充满了奇幻与神秘的世界让她如醉如痴。

　　约翰·罗纳德·瑞尔·托尔金是一位英国作家，同时也是一位语言学家，他最著名的文学作品便是《魔戒》前传《霍比特人》，以及《魔戒》三部曲。《霍比特人》原本只是一本比较偏儿童化的文学读物，由于出版之后取得很高的人气，托尔金便执笔继续撰写了接下来的故事发展。而这一次，厚重的世界观构架与黑暗的斗争故事已经令《魔戒》系列不再是一本适合儿童阅读的文学作品了。在这个充满了奇幻色彩的神奇故事当中，托尔金构筑了一个气势宏大的架空世界，这个世界不与任何真实历史相联系，却有着独立的庞大版图与独特的奇幻文化。十分具有语言天赋的托尔金甚至为这部书创造了一种全新的语言。

这里之所以要详细介绍一下托尔金与他的《魔戒》三部曲，是因为这部文学作品对罗琳产生的影响是十分巨大的，对于她后来创作的魔幻文学也起到了十分积极的作用。现在有很多人喜欢拿托尔金的作品与罗琳的相比较，但是罗琳自己也表示，她的魔幻与托尔金是完全不同的东西，而且她自己并不会超越托尔金。罗琳很爱这本书，即使她后来去葡萄牙工作结婚，仍然随身带着本破旧不堪的《魔戒》。

熬人的大学生活终于步入了尾声，毕业典礼即将到来。罗琳的毕业成绩并不理想，每科满分均为 4.0 分的毕业考试，罗琳只达到了平均 2.2 分的水平。不过，罗琳顺利完成了一篇 3000 字左右的法语论文，而这都要归功于之前那一年的巴黎时光。最终，罗琳勉强过关。能够波澜不惊地毕业，她一直觉得自己很幸运。

毕业典礼的那天，彼得跟安妮也去了学校。安妮坐着轮椅，由丈夫在后面推着。那个时候，她已经行动十分迟缓了，几乎完全不能离开别人的照顾。不过当安妮看到乔安娜·罗琳从埃克塞特大学校长手中接过毕业证书的时候，她还是开心地露出了笑容。

顺利毕业的喜悦很快就被现实冲淡了，因为罗琳一家还要面临许多未来的选择，比如就业。早在罗琳选择大学专业的时候，罗琳的父母就十分担心毕业之后的就业形势，做父母的总是会操心儿女的一切大小事务。他们希望罗琳能够好好学习一下英法双语的文秘课程，这样的话，至少自立就不成问题了。这是一份给传统女性准备的职业，有着单调的工作内容与保证温饱的中低收入。对于这类工作，罗琳心中自然是一百个不喜欢，不过她仍旧顺从了父母的意愿，收拾好自己的东西，前往伦敦西南部的克拉彭。她即将在那里一边学习如何做好一名双语文秘，一边寻找能够养活自己的工作。

此时，陪伴罗琳的还是她那只已经被磨得发白的牛皮行李箱，里面装满了书籍。她一直都在不断尝试写作，各种各样的故事，千奇百怪的设定与情节，她并不在乎自己写了什么，只是"写作"这件事本身就能给她带来乐趣。那个时候的罗琳并未想过自己有一天要成为一名多么成功的作家，她那时候甚至不知道自己写的东西能用来干什么，她只是单纯地想这么做罢了。

她先是与大学同学一起租了间小公寓安顿下来，然后又用生活费的一部分报名了文秘学校，她需要在那里学习如何成为一个合格的文秘。而那些所谓的合格标准在罗琳看来，无非是良好的组织能力与敢于忍受无聊生活的勇气，这个以"激进的"杰西卡·密特福德作为人生标杆的年轻女孩，是无论如何也不会对这种工作内容提起兴趣的。不过罗琳在文秘学校学会了一项十分有用的技能，那就是打字。这项技能在今后的工作中帮了罗琳大忙，因为她可以假借工作的名义用打字机来进行故事创作而不被其他同事发现。这件事情本身看起来虽然有些不靠谱，却对罗琳之后的创作生涯与写作能力产生了积极的影响。

结束了文秘学校的培训之后，罗琳找了几份兼职的文秘工作，但内容大同小异，基本都是跑腿、打杂、做替补。一次，罗琳接到一份音频文秘的工作，要求她把一份录音中的内容通过打字机誊写到纸张上。这是一份极其无聊的工作，为了给枯燥的工作增加一些乐趣，罗琳找来了一些古典音乐磁带，偷偷替换了那些枯燥的音频资料。罗琳的父母对古典音乐并没有研究，所以罗琳懂得也不多，她那时只是通过"喜欢听"与"不喜欢听"来判断一首曲子是否适合自己。慢慢地，罗琳总结出了一套适合自己的古典音乐鉴赏方法。她最喜欢贝多芬的钢琴奏鸣曲《热情》，恬淡的音符钻进耳朵的时候，那种由无聊工作带来的烦躁感一下子就消失得无影无踪。

罗琳彻底爱上了古典音乐，爱到无法自拔。虽然她要时刻提防着不被办公室的其他人发现自己并没有在工作而是在开小差儿，却仍旧会情不自禁地忘记周围的一切，让自己沉迷在那极富魅力的音乐里。她一边倾听音乐，一边在打字机上行云流水一般敲下按键，一篇篇生动有趣的小故事就这样在罗琳的指尖下诞生。她周围的同事都在叽叽喳喳，有的交头接耳说着肥胖经理的风流韵事，有的在夸夸其谈议论自己优秀的小儿子，还有的泣诉上周刚刚跟自己分手的男朋友。而此时的罗琳却早已用音乐与文字将自己与这个世界暂时隔离开来，不用听那些碎碎念，也不用被琐事扰乱创作灵感，还能神不知鬼不觉地将这些灵感记录在纸上，这简直是再美妙不过的事情了。

第二节　并不出色的文秘

　　古典音乐给罗琳的生活带来了很大的乐趣，但这毕竟无法占据罗琳的整个人生，她的大多数时间还是要面对枯燥无聊的日子与索然无味的工作内容。作为一个二十几岁、大学刚毕业的女孩子，在大多数人的眼中罗琳的美丽人生应该是刚刚开始，但是那一段日子，在罗琳看来，自己活得就好像是一位风烛残年的老人，没有任何色彩与创意的人生顶多只能算是活着。

　　罗琳的工作内容决定了她的兼职会比较多，她游走于各种不同的办公室之间。但是无论在哪儿，除了正常的工作交流之外，罗琳并不怎么说话，同事们觉得她少言寡语，但她同时又总是显得那么令人瞩目。这个瞩目并不是通常意义上用来形容有魅力的女孩子的词汇，如果换成"格格不入"这个词，应该就更加容易理解了，而这种"格格不入"会体现在很多地方。

　　先说说着装。由于进入了社会，罗琳必须告别自己曾经的学生身份，学习如何使自己的穿衣打扮看上去更像是一个成熟的大人。为此，彼得与安妮特意为罗琳选购了一套职业女装和一双高跟鞋。可是罗琳并不太喜欢这套衣服，她觉得这种套装给人一种无比沉闷的感觉，而驾驭高跟鞋的难度更是令她痛苦不堪。更要命的是，罗琳夫妇选购的这套职业女装并不适合罗琳。就连罗琳自己也认为，当那身套装穿在自己身上的时候，给人的感觉就像是一个未成年的孩子趁着家中无人偷着试穿妈妈的职业装，正自得意时却被突然回家的妈妈发现，浑身上下都充满了尴尬与违和。每当罗琳穿着这身行头去上班的时候，她的心中都会变得无比怀念以前的劳动布夹克与长裙。

除了衣着的问题之外，她的沉默寡言也令她的同事们觉得无法理解。罗琳从不参与办公室内的讨论活动，无论其他人在议论着多么八卦的话题，有时候甚至是身边某人的桃色新闻，这些似乎都无法吸引罗琳的注意。同事们一度觉得她是个缺乏好奇心与想象力的人，不过，他们偶尔还会瞥见罗琳在打字机后面变幻莫测的表情，虽然他们谁也不知道这个看上去整天都忙得要死的女孩究竟在打字机上鼓捣着什么。罗琳的存在感很稀薄，以至于她一旦离开了这个工作地点，她曾经的同事们就再也想不起来自己还曾经与一个名叫乔安娜·罗琳的人共事过，即使罗琳后来因为"哈利·波特"系列小说而名声大噪，她以前的那些同事还是无法回忆起关于罗琳的种种。

办公室就像是一个小型社会，不管坐在这屋子里的人是男是女，也不管他们是多大年纪，似乎只要进入到这个房间，就会立即找到属于自己的利益链条。他们有的互相吹捧，有的恶言相向，更有甚者表面看上去非常和平，暗地里却相互拆台、爆料对方的隐私，等等。罗琳觉得这种行为幼稚可笑，由于她对自己的工作本身并没有多大的热情，这就使她能够完全超脱在这个奇怪的圈子之外，做她自己。在办公室的午餐时间里，多半都是几个同事相约一同前往某家经常光顾的小酒馆就餐。可罗琳并不想跟他们掺和在一起，她通常选择自己一个人去咖啡馆就餐，或者随便找一个安静小店的角落躲起来。

被午后的温暖阳光笼罩着的广场是罗琳最爱去的地方，即使那里没有鸽子或者是喷泉。因为她喜欢的是那种静谧与安详，没有了嘈杂的八卦声，她可以完全放松大脑，让思维像脱缰的野马一样狂奔向前。罗琳曾经在某处做兼职秘书的时候，那办公室的附近有一个很小的广场，四周没有什么高大建筑，阳光很充足。每到午饭时间，罗琳都会在便利店买上一些食物，然后坐在广场旁边的长椅上休息，一边看着鸽子咕咕咕地在四周围啄食，一边在脑子里杜撰着一些故事情节。她爱极了这一刻，如果这时候再来上一段古典音乐，简直就没有比这更完美的事情了！

罗琳每天的中午时光几乎都是在那个小广场上度过的。没多久，办公室里就出现了关于罗琳的八卦，内容大概是说，每天中午，都会有一个高大帅气又健壮的肌肉男孩穿过那个小广场，那男孩穿着运动装和跑步鞋，看上去就像是一个英式橄榄球运动员。而罗琳对那个男孩十分痴迷，所以她每天中午都会去小广场蹲点，目的就是为了能够给自己创造一次艳遇的机会。

这种类似于怪谈一样的八卦也传到了罗琳的耳中，她觉得哭笑不得。不过如果有可能，罗琳还真的希望能有这样一个每天都路过小广场的男孩，并不是为了艳遇，而是这样的经历肯定会给自己带来更多的创作灵感。

无聊的生活持续了几个月。在这期间，罗琳与自己的父母通过几次电话，他们很关心她在克拉彭的生活与工作，也很高兴自己的女儿终于能够自食其力。像大多数的毕业生一样，罗琳此时还处在一个对未来无比茫然的阶段。她十分确认眼下的这份工作并不适合自己，但她却不知道该如何改变现状，不知道自己的未来会变成什么样子，她不确定是不是要一直将这份枯燥的工作做下去，直到自己退休的那天。

然而，一次全新的工作机会让罗琳对秘书这个职业多少产生了一点激情，虽然只是一点点激情而已。

第三节　加入国际特赦组织

机缘巧合下，罗琳得到了一分全新的秘书工作，她即将在国际特赦组织工作一段时间。国际特赦组织又被称为"大赦国际"，是一个在全世界范围内提倡人权的非政府组织。这个组织创立于 1961 年，创建者是一位名字叫作彼得·本南森的英国犹太人，职业是律师，同时也是一名虔诚的基督徒。本南森之所以创办国际特赦组织，起因源于一条报纸上的新闻。

在 1961 年，时值葡萄牙领导人安东尼奥·德奥利维拉·萨拉查仍然实施着独裁统治的阶段，有两位葡萄牙学生因为在某间酒吧提出"为自由干杯"言论而被军政府逮捕监禁，这两名学生被判刑 7 年。面对这则新闻，本南森气愤无比，他当即撰写了一篇文章，名字叫作《被遗忘的囚犯》。他在文章中呼吁大家声援这两名可怜的葡萄牙学生，更希望借助舆论能令葡萄牙政府释放两名无辜学生。这一举动居然引来了来自不同国家的读者的响应，很快，本南森就与其他几个人一起在卢森堡成立了国际特赦组织。

国际特赦组织由来自世界各地的民间人士组成，作用就是监察世界各个国家的人权状况。说得通俗一些，国际特赦组织存在的目的就是为了倡导人权，尽可能地预防或者阻止一切侵犯人权的行为。

其实在全球范围内，非政府性质的国际人权组织有很多，存在的意义与目的也都大同小异，区别在于针对的人群或者地区不同。在这些国际人权组织中，以国际特赦组织的历史最为悠久，影响范围也相对比较大，这个组织曾在 1977 年的时候获得过诺贝尔和平奖，1978 年还获得了联合国人权奖。目前他们在全球范围内有着 300 多万的志愿者，这些人来自于全球 150 多个国家和地区，光是英国国内，就有数万人为其提供志愿服务。

虽然在罗琳供职的那段时间，国际特赦组织的伦敦总部还没有那么多的志愿者，可是他们依旧愿意为了那些人权受到侵犯的人努力奔走。英国境内一共设立了 4 个分部，分别位于爱丁堡、苏格兰、贝尔法斯特以及北爱尔兰。罗琳的工作是为位于伦敦的总部提供服务。虽然工作形式与以往的经历大同小异，但是这一次的工作内容却多多少少挑动起了罗琳的好奇心。

因为这多多少少能够满足她内心深处存在着的"英雄主义"情节。那个时候的罗琳还是一个年轻的大学毕业生，她心中一直以来都只有一个偶像，那就是杰西卡·密特福德。这个内心激进、关注政治的女作家一直都是罗琳向往的心灵坐标，而在国际特赦组织的工作恰好能够或多或少满足一些她的期望。罗琳在这里接到的第一个任务就是调查非洲地区虐待人权案件。这时，她所学习的英语与法语就派上了大用场，因为那个受到调查的非洲地区恰巧说法语。这种新鲜的工作体验着实让罗琳兴奋了一把，她阅读了很多卷宗，那些卷宗中记载的东西有不少都令她瞠目结舌，她曾经并没有想过，在自己没有去过的其他地方，竟然还有这样难以置信的事情发生。

　　不过，这种新鲜感很快就褪去了。因为罗琳发现，虽然那些卷宗资料上的内容让她义愤填膺，但最终，她也只是一个秘书。她所能做的只有在打字机前机械地把一张纸上的内容挪到另外一张纸上，一切都跟从前没有任何变化，罗琳开始觉得失望。同时，她发现，这个办公室里的同事竟然跟之前的那些人一样，都是狂热的八卦爱好者。罗琳在没来这里之前，一直认为这里的工作场景应该是人人为了捍卫人权而热火朝天、努力忘我地工作，可惜这种场景完全不存在，有的还是闲聊与懒散。

　　罗琳又变回了少言寡语的人，对卷宗的内容也逐渐失去了兴趣，她继续一个人打发着午休时间，去咖啡店，去小餐馆，琢磨着自己的小说构思。只有脱离了枯燥工作的罗琳，才觉得自己的人生好歹还能有一些乐趣。只可惜，就算是在业余时间，罗琳也没法专心致志地潜心写作，因为在距离她250公里之外的曼彻斯特，还有她大学时代的男朋友在等待着她。

第四节　大学时代的男友

　　像大多数大学生一样，罗琳在大学期间也有过一段青涩的校园恋爱经历，不过那段恋爱经历并没有像三流爱情小说中所描述得那样浪漫，算不上是一段刻骨铭心的经历。

　　罗琳在埃克塞特的生活轨迹十分单一，整天只是沉溺在图书馆与黑马酒吧之间。她重视伙伴，却一直与恋爱无缘。直到某一天的下午，她在图书馆突然被一个陌生男人搭讪。

　　那个男生自称阿尔伯特·奥斯丁，是埃克塞特大学社会学院的一名学生，法律专业。那个男生有着一头乱蓬蓬的棕色短发，身高中等，身材有些微胖，戴着一副旧眼镜，看起来既不阳光帅气也不运动健美。在他过来搭话之前，罗琳对这个人完全没有印象，阿尔伯特却表示，他已经注意到罗琳很长时间了。几乎是每个下午，阿尔伯特都会在图书馆看到一个女孩，有时候穿着长裙，有时候穿着牛仔裤，但脸上总是画着浓重的烟熏眼妆，长发披肩，样貌看着虽然算不上大美女，但却有着与众不同的气质，吸引了他全部的目光。阿尔伯特直言不讳，这叫罗琳觉得很有趣，因为从来没有一个男人这样描述过罗琳的外表。阿尔伯特热情地跟罗琳握手，他的手掌有些粗糙，这让罗琳想起了自己当过海军的父亲。

阿尔伯特眼神明亮，虽然不修边幅，但有着年轻男孩特有的青春活力，罗琳虽然对眼前这个人一无所知，但至少还不觉得讨厌。从那之后，他们经常在图书馆一起看书或者是写报告，很快就打得火热。一个月后，他们确定了恋爱关系。不过，在罗琳的心中，对于恋爱这种事情的感受多半都来自于书本或者是朋友们的经历，自己并没有什么相似的亲身体验。她一直以为，这种感觉应该跟书中描述的一样，内心的甜蜜和悸动交织在一起，充满了矛盾与幸福感。就算不是完全一致，至少也应该是差不多的。比如罗琳总是听到她的父亲兴高采烈地讲着与母亲的初次相遇。

可是，与阿尔伯特的交往过程中似乎少了一些什么东西，具体是什么东西，罗琳也说不清，但是他们之间的爱情似乎没有传说中的那么具有吸引力。他们的约会地点通常是在图书馆或者是餐厅，有时候他们也去山下镇上的咖啡馆。

阿尔伯特似乎并不是很喜欢黑马酒吧，不过为了罗琳，他偶尔也会跟着去，只是兴致不是很高，似乎他并没有像罗琳的其他听众那样被罗琳古灵精怪的故事所吸引。大学毕业之后，阿尔伯特回到了曼彻斯特，而罗琳则遵从了父母的意愿去了伦敦工作。他们之间相隔了 250 公里的距离。

即使分离两地，罗琳也没有体会到相思之苦，因为她大多数的时间都被工作占据着，而仅存的那些业余时间则多半是在琢磨自己的小说构思。写作令她的生活变得无比充实，把脑海中幻想出来的故事一点点用打字机打到纸张上，那些虚构的人物或者事件仿佛一下子变得真实无比，这个过程令她兴奋不已。罗琳在任职秘书期间，完成了两部成人小说的创作，这令她感到无比自豪。虽然那个时候她还不知道自己文字的价值所在，只不过阿尔伯特却忍受不了这种两地分离的恋爱了。

于是，罗琳只好利用周末时间乘坐火车，长途跋涉到曼彻斯特去看望自己的男朋友。坐在火车上的时间让罗琳感到枯燥乏味至极，她宁可利用这段时间面对打字机，至少她还能一边假装工作，一边继续搞自己的创作。

到了曼彻斯特，罗琳与男朋友的约会地点与大学时代相比也没有什么太大的改变，依旧是咖啡馆或者餐厅。阿尔伯特并不是一个懂得浪漫的男人，他总是觉得，约会的话，除了吃饭散步，似乎也没有其他的事情可以做。于是他们一起吃饭，一起在街道上散步。因为共同生活的时间比大学时代变少了很多，聊天的话题也多半只是各自工作的事情。罗琳对于自己眼下的这份工作持有一种本能的排斥感，而那些办公室的八卦话题，她也根本没留心听过，他们俩经常说着说着就没词儿了，于是就只能默默地并肩而行。

曼彻斯特的大小街道几乎都快印满了他们的足迹，并不是因为他们多么热爱散步，而是因为除了散步，他们也没有其他事情可以做。阿尔伯特对于眼下这种状况感到十分焦虑，他担心如果一直这样下去，他们的结局就只能是分手。他希望罗琳能够到曼彻斯特来工作，毕竟秘书的工作在曼彻斯特也一样能够找到。这样的话，他们在一起的时间会增多，共同话题也会变得更多。而且，阿尔伯特建议罗琳能搬到他家与他一同生活，还能省下一笔房租。

罗琳并不喜欢这个提议，她的心中隐隐有一种自己的生活即将被他人侵占的预感，但是却没有很好的反驳理由。她与阿尔伯特的交往一直波澜不惊，可是仔细想想，好像也没有出现过什么重大的问题。于是，罗琳答应阿尔伯特回去好好考虑一下，然后再给他答复。

人生多数时候总是充满了太多的身不由己，往往你所面对的几个选项中，没有一个是你中意的选择。你只能退而求其次，选一个姑且还能忍受的，或者是权衡眼下的利弊之后不得不选的。罗琳那个时候还没有想清楚，这种勉强也许是源于她对自己男朋友的爱与信任还不够，也有可能是因为她那个时候太年轻，总是把自己有限的精力投入到兴趣爱好中，从而忽略了身边的人或事。总之，他们的交往在目前看来还算不得一帆风顺。

不过，人生也总是充满戏剧性，这种说法虽然千篇一律，却中肯至极。就在罗琳疲惫地往返于克拉彭与曼彻斯特之间的时候，枯燥的旅途却给她带来了受益一生的灵感。正是这不期而遇的灵感，造就了今天的罗琳以及她所创造的不朽的魔幻传奇。

第五章　命运始动

——不期而遇的魔法少年

一段枯燥的旅行让罗琳的创作灵感如潮水般涌现，她的人生轨迹在这一刻开始被改写。虽然那时候的她并不清楚，这个瞬间擦出的灵感火花对于未来的她究竟意味着什么。罗琳勉强与交往并不顺利的男朋友同住，她在试图让自己接受现实。

第一节　开往伦敦的火车

在曼彻斯特回伦敦的火车上，一切还是跟来的时候一样，周围坐着一些一脸疲态的旅人，颜色暗淡的车厢，座椅也显得有些破旧。窗外呼啸而过的景色也都是差不多的样子，虽然已经快要入夏了，花草树木也都是一片生机勃勃的景象，但是罗琳却产生不了太多的愉悦感，她的心中沉甸甸的，她在思考着阿尔伯特希望她能搬到曼彻斯特与他同住的提议。

这种无尽的往返之旅让罗琳厌倦不已，不过，相对于搬去曼彻斯特与男朋友同居，罗琳似乎更喜欢那种在克拉彭整日独处的生活。她心中很是纠结，经过前思后想，觉得去找男朋友一起生活才是看上去比较"正确"的决定。她的父母一直希望她能够像其他的女孩子那样，完成大学学业，学习一种具有实用价值的工作技能，这样既可以保证自己不会因为毫无生活技能而生活窘迫，又不必担心承受过大的工作压力。然后，再跟一个脾气秉性合得来的男孩子交往一段时间，接下来就是结婚生子，幸福平淡地度过一生。

也许，这就是自己若干年之后的生活状态，罗琳在心中想到。

她用手撑着下巴，无所事事地望着窗外，心中的情绪有些澎湃，却又说不准是在为了什么事情而感到激动。很多时候，顺境当中的人并不一定有好故事，而处在逆境当中的人却恰恰相反，那种萦绕在身边的苦闷与矛盾反而能够激发创作力。她长长地叹了口气，仿佛想把这些烦人的琐事都从脑袋当中赶出去一样。

她回忆起之前以工作的名义用打字机写小说的那段经历。写作与阅读带给她的愉悦感，至今还没有其他的事情可以替代。她又想起了自己喜欢的《魔戒》三部曲，于是顺手打开包，从中拿出了一本封面已经十分破旧的《霍比特人》。那是《魔戒》三部曲的前传，是罗琳带在身上打算用来打发火车上的无聊时光的。

罗琳对这几本书的内容早都已经烂熟于胸，即使如此，她对这个系列的书仍旧爱不释手、百读不厌，因为那里面恢弘庞大的魔幻世界令她沉迷不已。每当读着书中的句子，她几乎立即就能看到那些场景正呈现在自己的眼前。

"我为什么不试试这种题材？"

突然冒出来的念头让罗琳心头一动。紧接着，她感觉自己的大脑好像有什么地方决堤了一般，无数的念头与构思犹如奔腾的洪水，此刻正在脑中对她的神经进行狂轰滥炸。罗琳惊骇不已，连忙从包里掏出本子和笔，她迅速地把那些想法记录在了本子上，由于太过于兴奋紧张，她的手都有些颤抖。由于急切，罗琳写在本子上的字迹十分潦草，远不似她平时那般工整娟秀。

故事的主角是一个男孩子，十一二岁左右的年纪，他看上去很普通，但身上却藏有重大的秘密！在这个世界的某个角落里，还隐藏着另外一个不为普通人所知晓的神奇世界。在那里，这个男孩的故事会是一个传奇！

　　她写得行云流水、一气呵成。在这节陈旧的车厢里，那个影响了全世界的神奇故事的雏形正在悄然诞生。我们不得不慨叹命运的奇妙，有时候，一个不经意的小想法，也许真的会在数年后撼动世界。这就犹如蝴蝶效应，谁也不会知道，一个小小昆虫振动翅膀的行为，会给这个星球造成怎样的影响。

　　罗琳为自己刚刚产生的新点子感到激动不已，她没有未卜先知的能力，也无法知晓这个瞬间对她今后命运的影响。相反，等她记录完这些创意之后，她还需要继续苦恼，为自己未来的生活做出一个选择。

　　很多时候，所谓的"正确选择"，其实就是"大众选择"的另外一种叫法。父母对于子女的期待一直都是差不多的，很少会有父母强迫自己的孩子一定要成为某个领域的风云人物。虽然这类人并不是不存在，但是多数父母还只是希望孩子能够拥有属于自己的人生，最好是那种再普通不过的人生。

　　一个人的一生总会经历很多的事情，包括开心的，也包括难过的。父母通过无数的人生经历认识到"平淡是真"的人生哲理，因此他们希望自己的孩子能够直接就接受这种设定。只是他们的孩子少了之前的积累过程，很难体会到他们的良苦用心，于是他们会做出两种不同的选择，要么叛逆拒绝，要么盲目顺从。

　　罗琳这一次选择了顺从。她虽然没想过在未来的几年之内要跟男朋友结婚、携手共度一生这种事情，但是她觉得，维持与阿尔伯特的这段感情应该是她眼下必须要做的事情，或者说她希望自己能够按照父母期待的那种"普通"的方式作为普通人去生活。

下火车之前，罗琳做好了这个决定。回家的路上，罗琳觉得自己的背包沉甸甸的，不只是因为那里面装着载有新创意的记录本，更因为她即将开始一段并不太喜欢的新生活。

不久，罗琳给阿尔伯特打了电话，表示自己会结束掉这边的所有工作，到曼彻斯特去投奔他。电话那头的阿尔伯特显得十分兴奋激动，他说会在这边提前收拾好一切，然后他们还约定了日期与车次。阿尔伯特说，他会跟朋友借一辆汽车去车站接罗琳，只是那辆车可能会有点破旧。

听到阿尔伯特愉快的口吻，罗琳的心中还是感觉有些小悸动，毕竟，年轻女孩受到其他男孩的照顾与重视，总会觉得很开心。接下来的时间，罗琳把手里的几分兼职秘书工作全都处理完毕，退掉了租住的公寓，收拾好行李，只等着出发那一日的到来。

第二节　前往曼彻斯特

曼彻斯特的街道跟两周前一样，没有什么变化。只是天气越来越热，路人的衣着变得比之前更加花枝招展了一些。罗琳拎着沉重的行李，向约定地点走去。阿尔伯特会在那里等着她，然后他们将开着从阿尔伯特朋友那里借来的汽车一起回家。

罗琳老远就看到阿尔伯特站在路边，靠着一辆破旧的汽车，偶尔还看看手表，好像有点儿急切。他穿着一套不太合身的西装，扎着一条红黑相间的条纹领带，样子有点滑稽，不过他的发型还是一如既往地乱七八糟。罗琳有点惊讶，阿尔伯特借来的车居然是一辆福特昂立亚，这让她一下子就想起了谢安·哈里斯，那个曾经驱散了她中学时代无聊时光的好朋友。只不过谢安的车子是蓝色的，而阿尔伯特的这一辆是白色的。

"嘿！"

罗琳喊了一声，阿尔伯特这才看到罗琳。罗琳手里提着沉重的大牛皮箱，就是她一直带在身边的那一只。阿尔伯特赶忙跑过来接过罗琳手中的行李，他看上去好像兴奋得不得了，因为罗琳发现他的脸都有点涨红了。阿尔伯特打开后排车门，吃力地把大箱子丢到后排座椅上，然后才喘了口气对罗琳说："车子有点旧，你不会介意吧？"

"不，这看上去不赖。"罗琳笑着回答。

阿尔伯特以为罗琳只是礼貌性地敷衍自己，因为他并不了解这辆车对于罗琳的意义究竟何在。他们驾车驶往阿尔伯特居住的街区，沿途的风景都是长相相似的街道与楼房，罗琳突然开始怀念之前在教堂小屋的日子。虽然那时候因为看了太多的乡村风景而开始感到厌倦不堪，但是一旦真的这么久没有回去那个地方，心中似乎还有些怀念。罗琳也想起了还在教堂小屋生活的父母，如今，她的妹妹黛安娜也离开家在外工作，家里应该只剩下父亲和母亲。紧接着，她立即就想到了母亲的病情，心一下子又沉了下去。

罗琳在伦敦工作期间，也会时不时往家里打电话。不过有很多时候，也会因为琐碎的工作而疏忽对父母的问候。每一次通话，罗琳都不会直接询问母亲的病情，她总是担心听到不好的消息。每次，她都是小心翼翼地回避着这样的问题，一般会以"你们平时都做些什么事情"这类旁敲侧击的方式询问。彼得并非不明白女儿的良苦用心，于是，每回都不厌其烦地对罗琳讲述他跟安妮平淡又雷同的每一天。不过即使这样，敏感的罗琳还是意识到了母亲每况愈下的身体状况，因为安妮说话的声音越来越含混不清，记忆力也衰退得厉害。

罗琳很想回去看看父母，不过她的心中总是会产生一种莫名其妙的不安，这种不安就像是一个开关，一旦按下去，让这种感觉宣泄出来，事情就会变得糟糕且一发不可收拾。罗琳会偏执地认为，只要自己一直这样在外面漂泊，家里的母亲至少能够维持平稳的状态，虽然连她自己也说不清为什么会产生这种稀奇古怪的想法。

就在罗琳思绪纷乱的时候，车子已经驶到了阿尔伯特家的大门口。这是一栋两层的小建筑物，房子的外观没有什么特别的风格，跟普通的英国人家如出一辙。阿尔伯特与家人一同生活在这所小房子里，罗琳到来，他的家人似乎也很高兴。阿尔伯特的母亲是一个矮墩墩的女人，有着一头乱蓬蓬的棕色卷发，戴着一副大眼镜，罗琳发现，阿尔伯特完整地继承了自己母亲的相貌特征。

阿尔伯特的妈妈是一个典型的家庭主妇，家务活干得十分麻利，说话有些粗声大气，但是给人的总体感觉还算和蔼敦厚。她预备了一桌丰盛的食物为罗琳接风洗尘，而罗琳也让自己尽量表现得谦恭有礼，还算愉快的用餐气氛让罗琳暂时忘记了刚刚那些郁闷的情绪。

从此，罗琳暂时在曼彻斯特安了家。之所以说是暂时，是因为即使跟男朋友搬到了一起生活，她还是对自己的未来充满了迷茫感。她很快就在曼彻斯特商会找到了一份秘书的工作，薪水不高，工作量大，但是工作时间相对比较自由。罗琳重操旧业，继续之前在伦敦所从事的那种机械性劳动。只不过这次的工作内容十分烦琐，她根本不能像之前那样忙里偷闲地利用打字机进行写作，因为即使她在打字机上拼命舞动自己的十根手指，似乎还是有无穷无尽的工作在等待着她。最叫人无法忍受的是，这种工作仅仅是一些毫无价值的重复性劳作。

罗琳似乎不止失去了工作时间的写作机会，就算是结束工作回到家里之后，她也没有很多自己的时间可以利用。阿尔伯特的妈妈平时都是自己待在家里做家务，照顾家人，多数时间很少与人交流。而这个女人又恰恰酷爱聊天，罗琳的到来似乎是老天爷对这个女人的一个恩惠。她总是让罗琳帮她处理一些家务活，这样她就可以借着干活的机会同罗琳闲聊。她会给罗琳讲一些阿尔伯特小时候的故事，罗琳一开始还觉得十分有趣，但是当她们的话题从阿尔伯特小时候转移到四周围邻居家的八卦新闻的时候，罗琳开始觉得厌倦了。罗琳觉得自己好像又回到了工作的地方，为什么有人的地方就一定要有八卦？这真是一个百思不得其解的问题。

罗琳的心中一直惦记着那个创意，那个在驶往伦敦的火车上所迸发出来的灵感。魔法小男孩的命运究竟应该何去何从，罗琳非常希望能够通过自己的思考来铺设一个大致的方向，但是看着眼前这个说得兴高采烈的胖女人，罗琳只能暗自叹气，却也无可奈何。

第三节　他叫哈利·波特

　　曼彻斯特商会周而复始的繁忙工作把罗琳弄得心浮气躁，只坚持了一个星期，罗琳就辞掉了那份工作。不过她不可能就这样在家赋闲，很快，她又找到了一份新工作，工作地点在曼彻斯特大学，不过也只是类似整理卷宗资料的活计，并不是做兼职教师。

　　罗琳曾经在巴黎留学过一年，她很怀念曾经的那段短暂却印象深刻的教职生涯，她觉得自己似乎很有当一个教育工作者的天赋，但并不擅长眼下的这些所谓生存技能。这次的工作内容也无法令罗琳感到愉快和满意，不过至少这一次她是在大学里上班，熟悉的环境与充满书卷气的氛围令她感到安心不少。看到校园里那些年轻学生们匆匆赶往教室的身影，罗琳不禁想起自己曾经在埃克塞特度过的时光，特别是埃克塞特的图书馆。

　　曼彻斯特是英国第二大城市，而曼彻斯特大学也有着十分悠久的历史。这座大学创办于 1824 年，比埃克塞特大学的历史悠久。这里的专业涉及多个领域，包括人文、经济、医学，甚至是生命学，每个专业都在其相关领域拥有着卓绝的成就。罗琳特别中意的是这里的图书馆，约翰·赖兰斯大学图书馆，内有藏书400多万册，是英国排名第三的学术类图书馆。

校园的氛围让罗琳浮躁的内心安静了下来，她开始专心思考关于那个小男孩的故事。她利用一切能利用的时间思考，哪怕是在取材料的路上。日子一天一天地继续，枯燥的工作折磨着罗琳的神经，阿尔伯特母亲的唠叨消磨着她仅有的一点私人时间，即使如此，会魔法的小男孩的故事架构还是顺利地变得丰满起来。罗琳给这个小男孩取了个名字，叫作"哈利·波特"。

罗琳对于小说中人物名字的命名方式并没有十分严格的法则，她之所以会选择"哈利"这个普通的名字，是因为她很喜欢这个名字。她甚至想过，如果以后自己有一个儿子，就要给他取名"哈利"。而"波特"这个姓氏，让她想起幼时同街区的玩伴，波特兄妹。曾经，她作为孩子头儿，带着波特兄妹与黛安娜一起玩扮演巫师的游戏，为了"体验"那种骑着扫帚在天空飞翔的感觉，他们踩坏了邻居刚刚用水泥砌好的地面。

名字确定好了之后，大致的情节也基本上确定了。罗琳觉得自己身体里的血管都要跳起来了，她需要大量的时间，需要把之前的那些想法变成实打实的小说内容。她需要确定写作风格、语言风格、故事风格。因为主角是一个十多岁的小男孩，罗琳决定把这个故事当成是一种儿童文学来写作，虽然她并不清楚儿童文学究竟有没有市场前景，会不会有人青睐这一类体裁，但是这些都不重要，她仅仅希望能够完成这个故事。当然，如果有一天这个故事能够集结成书，她一定会对自己的写作能力更有信心。

为了挤出时间完成写作，罗琳想了许多办法。在大学上班的时候，她会假借拿资料的空当儿溜到图书馆去窝上两个小时，或者是干脆跑到校园某处的花坛后面。她不管走到哪儿都随身带着笔和本子，以备不时之需。罗琳的行为在旁人看起来觉得很古怪，但是她自己却有些乐在其中。那种突然消失在别人眼前又突然出现的感觉，令她觉得这似乎是在玩某个有趣的游戏。只不过跟她共事的同事都对这种行为感到十分无语。

晚上回到家之后，罗琳还需要找到一些巧妙的借口搪塞阿尔伯特母亲的闲聊攻势。她的写作进行得很快，虽然故事内容还没有经过任何修改润色，但是情节已经开始日趋成熟。很快，她就用完了三个大开本的笔记本，而只经过了简单装订的稿纸更是多得数不过来。罗琳把这些完成的部分按照顺序标记好，收藏在一个旧鞋盒里。那个鞋盒是从阿尔伯特家的仓库里翻到的，里面曾经装的是一双棕色的马丁靴。

罗琳把装着草稿的鞋盒小心地收藏在自己房间的床底下，她特意叮嘱阿尔伯特的母亲不要把那个鞋盒扔掉。因为如果不好好跟她说清楚，那个每天都要打扫房间的女人很有可能把那一堆草纸当成是废物扔进垃圾箱。

随着草稿纸的不断增多，罗琳的心情变得越来越好。虽然在与阿尔伯特同住的这一段时间里，他们的共同话题并没有因为彼此距离的拉近而增加多少，但是罗琳的好心情还是丝毫没有受到影响。罗琳有时候觉得，写作带来的乐趣似乎真的快要掩盖住她对母亲健康的担忧了，不过每次看到阿尔伯特与他的母亲交谈的场景，她还是会情不自禁地想起教堂小屋，想起安妮虚弱的身体，想起彼得憔悴的面容。其实她完全明白，无论怎样麻痹自己的神经，该面对的事情总是无法逃避。

时间过得飞快，转眼就要到圣诞节了。罗琳决定赶在圣诞节之前回一趟塔茨希尔的教堂小屋，那个她既盼望回去又渴望逃离的地方，她要去看望自己的母亲。

第四节　回到塔茨希尔

　　罗琳初到曼彻斯特定居的时候还是 6 月份，那正是万物繁茂的季节，就算是再古老厚重的城市，也都透露着无法掩盖的勃勃生机。经过大半年的忙碌，眼看就快要到圣诞节了，曼彻斯特的气温也开始明显下降。这里冬季的平均气温一般都保持在零度上下，不会十分寒冷，不过要是刮起大风，对于马路上的行人来说也是一个不小的挑战。

　　距离圣诞节尽管还有两个星期左右，但无论是街道上还是居民住宅区，早都已经被喜庆的节日气息所填满。不管大街小巷，总是时不时地看到圣诞铃铛或者圣诞袜的装饰，就连商业街的路灯杆上都挂着大大小小的槲寄生，临街的商铺都在播放欢快的圣诞歌曲，清脆的音铃声响随处可闻。在罗琳居住的那个街区，甚至有人家按捺不住，早早就把巨大的圣诞树拖进了自己的房子里。忙碌了一年的人们都在为回家做准备，打算跟家人一起度过一个愉快的圣诞节。

不过，阿尔伯特的妈妈并不是十分喜欢圣诞节，因为她需要做大量的节前准备，包括室内装扮与圣诞大餐，而家里并没有谁能够帮她的忙。罗琳总是听到她抱怨不断，因为每一年的圣诞节过后她都会累得够呛。但是这一年，她有了罗琳的帮助，心情也随之好转了很多。阿尔伯特的妈妈带着罗琳去商场抢购过节要用的东西，那段经历令罗琳不堪回首。平常看上去明明是很宽敞的购物中心，在那时却是人头攒动、摩肩接踵。罗琳还记得自己站在商场大门口往里面张望时的绝望心情，各种颜色的帽子与发色在眼前像潮水一样涌动不停。她的内心有些退却，阿尔伯特的妈妈却完全不为所惧，拉着罗琳兴高采烈地挤进了人群。

她们买了很多东西，包括食物与日用品，还有要送给别人的圣诞礼物。罗琳本来想为自己的母亲选一件圣诞礼物，但是她被拥挤的人群搞得焦头烂额，完全没有心思精挑细选。在阿尔伯特的妈妈宣布她们顺利完成购物任务的时候，罗琳如获大赦，没有丝毫逗留之意地挤出了商场。她们拎着大包小裹往车站走的时候，正巧路过一家手工店，没有很多顾客，看着就叫人觉得神清气爽。罗琳在店里选购了一条大盖毯，是绵羊毛制成的，手工织就，很密实柔软。她打算把这个盖毯送给母亲当作圣诞礼物，罗琳希望毛毯带来的温暖能对母亲的身体健康有一些帮助。

那个时候，她在曼彻斯特大学的工作暂时告一段落，雇用她的负责人对罗琳说，她可以一直休息四个星期，直到过完新年。不过，光是帮助阿尔伯特的妈妈筹备圣诞节所需，就花掉了罗琳一周的时间。她需要利用圣诞节前的一周回去塔茨希尔一趟，她已经很久没有回去过教堂小屋了。罗琳记得自己最后一次在教堂小屋与父母和妹妹一起过圣诞节的时候，还是自己刚从巴黎回来的那个寒假。

罗琳把准备送给安妮的羊毛盖毯用淡蓝色的礼品袋装好，外面还扎了一根红色的丝带。她把包装好的圣诞礼物小心翼翼地装在行李袋的最下层，又收拾了一些简单的随身行李，就与阿尔伯特告别，乘上了返回塔茨希尔的列车。

列车不疾不徐地前进着，罗琳看着窗外，心中又忍不住开始惴惴不安。她一直没有回家，虽然经常与父母通电话，但是毕竟很久没有亲眼看见他们此时的状态了。罗琳对于安妮的健康状况心知肚明，但是仍旧在大脑中刻意排斥着关于安妮现状的一些想象，她知道硬化症这种疾病目前无法治愈，却还是打心底里期盼着奇迹的发生。如果见到母亲的时候，发现她的状态很好，至少面色红润，这是不是就已经是个奇迹了？不过只是闪了一下，她就立刻放弃了这种念头。

下了火车换乘计程车，往教堂小屋去的路上路过一大片田埂，罗琳还记得当年谢安载着她去埃克塞特大学报到时的情景。那时候的田埂还是一片翠绿，现在由于过了收割的时节，满眼都是一片枯黄，叫人感觉有些凄凉。离开塔茨希尔的时候，罗琳的心一直备受牛津落榜与母亲生病这两件事情的折磨。不过虽然心情失落，她还是希望自己以后的人生能够过得比现在舒心。如今故地重游，当初的心愿似乎并没有达成。她枯燥的生活就像眼前这大片大片的衰草一般，毫无生气却绵延不绝。

计程车很快抵达了教堂小屋。由于罗琳提前给家里挂了电话，她下车的时候，发现彼得已经在大门口等着她了。罗琳觉得父亲比她离开的时候苍老了一些，这种苍老并不是体现在皮肤的褶皱或者头发的颜色上，而是一种从表情与眼神当中透露出来的感觉。罗琳拥抱了彼得，她的父亲穿着一件厚大衣，显然在门口已经站了不少时间，因为他的手微微发凉。彼得兴高采烈地接过女儿的行李，他已经有好久没有见过乔安娜·罗琳了，他搂住罗琳的肩膀，两个人一起走进了小屋。

小屋里的火炉烧得很旺，在火炉前面的轮椅上，安妮正坐在那里打瞌睡。

屋内的光线有些昏暗，但是借着火光，罗琳还是看清了安妮现在的样子。曾经的安妮是一个活泼漂亮的金发女人，罗琳对母亲年轻时候的样貌一直记忆犹新，尤其是母亲被确诊为硬化症之后，她更是将母亲曾经的面容深深烙在了脑子里，害怕将其遗忘。而如今的安妮早已不似往日那样光彩照人，脸庞苍白瘦削，皮肤有点干燥，头发也没有什么光泽。安妮的身上穿着厚睡衣，不过从露出的手腕还是能看出她的身体十分瘦弱。她的头发被整齐地扎在脑后，胸前还系着一块大毛巾，应该是防止她吃东西的时候弄脏衣服的，原本是粉红色的毛巾如今已经洗得有些发白了。从这些细节都可以看出，安妮受到了彼得很细心的照料。

罗琳心中泛起酸楚，但现在毕竟是圣诞节，她不想把气氛搞得太悲凉。彼得走到安妮身边，轻轻把她推醒。安妮的智力与身体机能退化得都十分严重，经常会像这样打瞌睡，偶尔还分不清白天黑夜，醒来的时候会跟彼得要早餐吃。安妮醒了过来，眼睛看上去还十分朦胧，不过她还是认出了女儿乔安娜的脸，她说话含混不清，但是罗琳从她的眼中读懂了她的兴奋之情。

罗琳走过去，蹲在母亲目前拉住她干瘦的双手，微笑着与她打招呼："嘿，妈妈，你还好吗？"

安妮呜呜地说着什么，罗琳完全听不懂，彼得只好在旁边解释："她说很高兴见到你，乔，你长大了。"

罗琳眼眶发酸，只好找机会分散自己的注意力。她走到自己的行李袋旁，拿出那个淡蓝色的礼盒，递到安妮面前。

"圣诞快乐，妈妈！"

安妮看到礼物，立即高兴得笑出了声。虽然她此刻的笑容由于肌肉僵硬的关系显得十分古怪，但是罗琳还是被这个笑容深深地感染了。她帮助安妮打开盒子，从里面拿出了那条厚实的羊毛毯，罗琳把毛毯盖在安妮的腿上，安妮的口中兴奋地发出了一些声音。这一次彼得没有解释什么，只是跟着安妮一起笑，过了半天才说道："乔，你妈妈她喜欢这个礼物。"

罗琳与父母一同吃了顿晚饭，她跟彼得一起喂安妮吃东西，他们还聊了很多事情，包括小时候的事情，以及罗琳不在家的时候彼得与安妮身边发生的事情。彼得讲述了照顾安妮的种种不便，却丝毫听不出抱怨的口吻，他神采奕奕地说着，就好像在描述一次经历非凡的旅行。

在彼得的描述中，罗琳总是听到一个叫作珍妮特的名字。她很好奇那个女人是谁，彼得解释说，那是他的秘书，偶尔会帮助自己照顾安妮的起居，虽然只是偶尔帮忙，却也起到了很大的作用。这个女人的登场显得有些突兀，不知道为什么，罗琳听到这个名字的时候，总觉得内心有一种说不清的感觉，而这种感觉该用哪个词语去描述，她自己也不知道。不过很快，彼得就把话题引到另外一件事情上去了。

罗琳在教堂小屋里住了三天，第四天的早上，她收拾好东西准备返回曼彻斯特的男朋友家，因为她需要在圣诞夜之前赶回去，与男朋友和他的家人一起过节。彼得与自己的女儿依依不舍地作别，但是安妮却没有什么分别的悲伤，因为她以为罗琳只是出去买东西。

与之前离开家去上大学那次一样，罗琳拥抱了母亲，帮母亲重新盖了盖腿上的羊毛毯子，然后踏上了返程之路。圣诞节即将到来，到处都是欢歌笑语。如果罗琳能够预测几天之后发生的事情，也许她就会毅然决然地选择留在教堂小屋，而不是返回曼彻斯特。

第六章　至亲离世

——母亲遗留在世间的伟大之爱

母亲在被疾病折磨了数年之后最终离世，这件事情是罗琳心中永远无法弥补的创伤。对母亲的强烈思念与愧疚感让罗琳创作的故事变得更加富有感情，她将自己对母亲的思念写进了"哈利·波特"的故事当中。在罗琳最难过的时候，与男朋友的感情之路也终于走到了尽头。

第一节　糟糕的圣诞节

回到曼彻斯特的罗琳总是感到心神不宁，她的脑海中经常会浮现出安妮那个古怪的笑容。她安慰自己，尽量让自己相信这只是自己太久不回家而造成的伤感情绪。

安妮的那个笑容让罗琳产生一种疏离感，这并不是说她觉得自己与母亲产生了什么隔阂，只是她很久都不回家一次，把可怜的重病母亲完全丢给自己的父亲。她没有在母亲最难受的时候陪在身边给予安慰和拥抱，面对生活给她的种种压力，她居然义无反顾地选择了逃避！这几天，罗琳的脑子总在反复思考着这个问题，她觉得有些后悔，后悔她竟然有那么多远离母亲的时光，而她竟然还会利用那些时光做一些没有价值的事情。

最近几天，罗琳会在夜里失眠，母亲年轻时候的样子跟那个古怪笑容总是时不时地在梦中出现，然后她就会一下子醒来，心情立即开始变得沉重，再也睡不着了。她在盘算着要不要新年的时候再回去一趟，也许这次回家就不该这么急着赶回这边来。罗琳的心中总是被一种不大好的预感萦绕着，怎么都无法摆脱。

罗琳发现，自己从塔茨希尔回来之后就一直无法静下心来写作，加上假期本来就会产生的懒散情绪，她的小说一直都被搁置在床底下的鞋盒里，没有什么太明显的进展。她变得有些懒惰，总是心事重重，对于阿尔伯特的妈妈提出的外出购物计划也不是很积极，她只是不大明白，为什么阿尔伯特的妈妈总有买不完的东西。她也开始变得不再响应那个爱唠叨的家庭主妇的闲聊，就算勉强听着那些家长里短的唠叨，也总是一副心不在焉的表情。

阿尔伯特与他的家人并不知道罗琳的家里发生了什么事情，他们只知道罗琳的母亲身体不好，一直由父亲照顾着，详细的情况也没有问过。罗琳这个样子令阿尔伯特的妈妈意见很大，因为自从她回了一趟家之后，好像整个变了个人一样。阿尔伯特的妈妈跑去向儿子告状，希望他能好好管管自己的女朋友，如果她总是这样不懂得尊敬家中德高望重的女主人的话，以后根本没办法成为这个家庭的一员。

不幸的是，阿尔伯特此时的心情也很糟糕。在埃克塞特大学期间，阿尔伯特学习的是法律专业，但并不是每一个法律专业的大学生毕业之后都会顺理成章地当上律师。阿尔伯特大学毕业之后直接回到了曼彻斯特，在一家私人律师事务所当律师助理。所谓律师助理只是一个听起来比较好听的职务，实际的工作内容就是为正牌律师打下手。阿尔伯特的上司是一个喜欢喝酒的中年男人，脾气有点古怪。也许是由于当了多年律师的原因，那位上司说话的腔调总是咄咄逼人，他总是嫌弃阿尔伯特笨手笨脚，脑子又不灵光，经常指责他根本没有做律师的天赋。而这家律师事务所由于规模很小，一年到头也接不到几个案子，经营十分惨淡，新年过后，还不知道这里能不能继续支撑下去，一旦倒闭，阿尔伯特的生活费就会变成一个严峻的问题。

每一个刚刚大学毕业的年轻人都会经历这样一段凄惨的时光，迷茫，纠结，愤怒，情绪无处发泄。此时，如果用平淡从容的内心去接受这一段必然要经历的时期，那么这些麻烦并不是完全无法可解。一旦内心成熟到能够回头品味这段岁月，就会发现，其实那些困难都不算什么严重的事情。只不过接踵而至的麻烦早已经叫阿尔伯特焦头烂额，同时，他也察觉到了自己与罗琳之间存在着很大的差异。这种差异体现在他们的共同话题上，而且这种差异在目前看来似乎被展现得淋漓尽致。

阿尔伯特跟罗琳一样，很珍惜他们之间的感情，毕竟这么多年的相处，并不是靠三言两语就能描述得清楚的。不过，与罗琳相识的时间越长，他似乎就越无法理解眼前的这个女孩。阿尔伯特一直以为罗琳只不过是一个书虫女孩，喜欢阅读的女孩会有一种特别的忧郁气质，而大学时候罗琳的烟熏眼妆又叫她看上去叛逆无比，这两种十分矛盾同时集中在一个女孩子身上，这一点令阿尔伯特无比着迷。可是，随着两个人彼此深入了解，阿尔伯特觉得罗琳并非他想象的那种普通女孩，她喜欢书籍胜过一切，她是杰西卡·密特福德的狂热崇拜者，她不喜欢打扮，也不喜欢在商场逗留，相比那种嘈杂的购物环境，她似乎更喜欢窝在学校旁边的那家小酒吧。罗琳不说话的样子看起来很酷，但是一旦跟她的朋友们聊得兴起，又会变得眉飞色舞，与平时那种气质完全不符。

不过这些都不是重点，阿尔伯特无法理解的是罗琳所讲的那种看似信口开河一样的故事，那些靠临场发挥捏造出来的虚构情节到底有什么魅力，竟然能够吸引一大批狂热分子围着她打转。他还曾经偷偷看过罗琳藏在床底下的手稿，那故事确实有点吸引人，可也仅此而已，毕竟那种东西怎么看都像是儿童读物。他完全无法理解为什么罗琳会把时间花费在那种毫无意义的事情上，而不是计划一下他们的未来。

可是，阿尔伯特还是觉得自己是爱罗琳的，因为他为了维持他们的关系，特意把罗琳从伦敦接了过来一起生活。他认为自己做这些的目的都是为了两人的未来，他一直希望罗琳能摒弃掉那些在生活上完全用不到的技能，比如写作，因为这件事情对于一个妻子或者一个母亲起不到什么积极作用。

阿尔伯特母亲的告状成了他们之间关系紧张的导火索。阿尔伯特本来就担心着工作与未来生活的事情，再看看母亲的怒气与罗琳的心不在焉，他的头脑一下子变得冲动起来。他把罗琳拉进了他俩的卧室，摔上房门，在里面大喊大叫了好一阵，总算是把内心的不满一股脑地统统发泄出来。他本以为罗琳也会对着他发起盛怒，出乎意料的是，罗琳并没有反驳，但是也没有对这一顿宣泄发表任何的态度或看法。阿尔伯特有点尴尬，同时也产生了一种自己被轻视的感觉，他盯着罗琳毫无表情的脸，质问她："你为什么不说话！"

罗琳这才看了他一眼，脸上依旧没有什么表情："哦，我觉得你说得没错，一点问题都没有。"

这样的回答叫阿尔伯特无言以对，他本已经想好了很多反驳罗琳的话，此刻却完全派不上用场。他张了张嘴巴，才挤出一句："也许我不该这么大声地对你说话，但是我希望你能多为我们俩考虑一下。"

罗琳这一次没有回答，只是点了点头。阿尔伯特觉得自己好像是在无理取闹，只好动作机械地走出房间。不过他心中很清楚，罗琳只是在敷衍他，刚刚他喊的那些话，这个姑娘也许一个字儿都没听进去。

这一次，阿尔伯特猜对了。罗琳一直都知道阿尔伯特对于她钻研写作这件事情并不支持，不过也没怎么反对。只是她没有料到，这个男人居然会对自己大吼小叫。她心烦意乱，感觉疲惫不堪，她的全部身心都被那种焦躁的预感缠绕着，她很担心安妮的健康状况，根本没有力气跟阿尔伯特吵架。就在刚刚，那个胖男人大喊大叫的时候，罗琳甚至已经做好了被赶出家门的准备，如果刚才他们就那样分手了，罗琳也不会觉得惋惜。没准儿她还会立即买一张车票赶回塔茨希尔去。

他们在家里大吵了一架，确切地说应该是阿尔伯特自己大喊大叫了一顿，在这之后，屋子里的气氛尴尬得吓人。阿尔伯特的母亲没料到儿子会发这么大的火儿，对自己之前的告状行为似乎感到有些后悔。她默不作声地摆好餐桌，然后招呼大家出来共享圣诞大餐。如果不是看到了桌子上的那只烤火鸡，罗琳都要忘记今天是圣诞夜了。

阿尔伯特一家以及罗琳一同围坐在餐桌边，他们倒了一些香槟，然后站起来和其他人碰杯以示祝贺。大家的表情都有些僵硬，气氛也很沉闷，只有刀叉碰撞餐盘的声音，以及起居室那边的录音机里重复播放的"铃儿响叮当"的乐曲，这首十分应景的歌曲现在听起来叫人觉得有点傻气。阿尔伯特妈妈的烹饪手艺高超，只是罗琳完全提不起食欲，几天之后，她那个不好的预感竟然真的应验了。

第二节　母亲离世

　　与阿尔伯特的交往让罗琳明白了一个道理，没有最好的人，只有最合适的人。平心而论，阿尔伯特的性格是那种比较踏实的类型，就是有点缺乏自信，缺乏自信的人有时会变得易怒。尽管他是一个好人，但是他所期待的东西、他的人生观却与罗琳的完全不一致，他无法给罗琳想要的东西，虽然他一直觉得自己付出了很多。

　　平安夜的那次争吵让他们两个的关系疏远了不少。个性冲动是阿尔伯特性格中的一个缺点，那次争吵让他觉得有些后悔，但他不是那种会放下架子去赔礼道歉的人，因为那种"厚脸皮"的行为在他看来简直令人发指。他有意无意地躲避着罗琳的目光，如果遇到不得不进行语言交流的事情，口吻也是不冷不热的。罗琳倒是完全不在意，她第一次对这个男人感到有些失望，她觉得他们之间的关系似乎就要走到尽头了。不过，如果这一天真的到来，罗琳还不确定自己能不能欣然接受。

阿尔伯特与罗琳的冷战持续了五天。在这几天当中，尽管他们还勉强睡在一个房间里，但是彼此几乎没有什么交谈。阿尔伯特忍受不了这种沉闷的气氛，白天的时候都会出去找朋友玩，他们一起去酒吧，喝很多的酒，差不多每天都会在凌晨时分大醉而归。罗琳从塔茨希尔回来之后便一直失眠，每次都是好容易入睡了，又会被阿尔伯特沉重的脚步声与关门声惊醒。他有时候会醉得连外套也不脱，就那样满身酒气地躺倒在床上呼呼大睡。

罗琳来到曼彻斯特不足一年，在这里并没有什么朋友。在工作的地方认识的人也基本上是萍水相逢，一旦换了另外的工作地点，之前认识的人也会渐渐失去联系。所以罗琳根本没有可以缓解心中压力的地方，更没有可以倾吐内心郁结的对象。这偌大的城市里，唯一能够倾听罗琳说话的女人，似乎只剩下阿尔伯特的妈妈。罗琳在心中感到有点悲哀，她放下了伦敦的一切来到这里，她究竟为什么会选择目前的这种生活？她现在已经想不起来了。阿尔伯特的所作所为越来越令她处境尴尬、心灰意冷。

阿尔伯特的妈妈觉得他俩的关系之所以会变成现在这种糟糕的样子，都是因为自己那天向儿子抱怨罗琳态度冷淡所造成的。这几天，她一直想方设法希望能叫这两个年轻人冰释前嫌，毕竟就算是在一起生活了几十年的夫妇也不可能一辈子不吵架。只是，她并不了解此时此刻罗琳内心的煎熬。

圣诞节过后不久就将是新年，从教堂小屋回到曼彻斯特也只过了几天的时间，但是罗琳却觉得好像已经过了一个月那么漫长。冷静下来的罗琳开始思考自己的未来，还有她与阿尔伯特的未来。无论是离开曼彻斯特彻底与这个男人分手，还是找机会把彼此之间的隔膜撕掉，继续好好相处，她都必须做出一个决定。

经过前思后想，她决定努力尝试一下第二个决定，找机会好好与阿尔伯特谈一谈。她希望阿尔伯特能够理解自己现在的苦衷，她希望能从阿尔伯特那里获得一些支持与理解。如今的罗琳总是感到不安，她渴望自己的男朋友能带给她安全感。她打定主意，想把母亲的病情以及自己的内心的纠结和盘托出，她甚至打算向阿尔伯特妥协，以后尽量不花费太多的时间在写作上面。

主意已定，当天傍晚，她给阿尔伯特经常去的那家小酒馆打了电话，阿尔伯特与他的几个朋友果然都在那里喝酒。罗琳在电话里听到那个男人说话的声音有点含混不清，但是逻辑思维还算清醒。面对这个醉醺醺的男人，罗琳刚刚打算和盘托出的热情顿时就减了大半。

"我希望你一会儿能回一趟家，我有些事情想跟你谈谈。"

"好吧，我一会儿会回去一趟。"

这一次，阿尔伯特的口气并没有像前几天那样不冷不热，挂上电话的罗琳叹了一口气，心里说不上出是一种什么滋味。一个小时之后，阿尔伯特回来了，这次他并没有喝得烂醉如泥，只是走路稍微有些摇晃。阿尔伯特的妈妈看到自己儿子回来了，知道他们有话要说，赶紧找个借口钻进了厨房，不大的起居室里只剩下罗琳他们俩。

"我最近的状态很糟糕，阿尔伯特，我想告诉你这些都是因为什么，我希望你能够理解我现在的处境。"

罗琳单刀直入，并没有做出任何铺垫。阿尔伯特靠在沙发上，眼神因为醉酒的关系显得有些迷离,他没有说话,只是点点头表示罗琳可以继续说下去。

"你知道我妈妈身体一直不好,其实她得的是一种硬化症,这种病目前还无法治愈。我不喜欢跟其他人提起这件事情,跟你也只是说我妈妈的健康状况有问题,这不是我不信任你,而是因为我不愿意提起这件事,如果你了解了她那种疾病的发病过程,我想你会理解我的心情。我喜欢写东西或者看书,只是因为那些事情能给我的内心一些安慰……"

说话的期间,罗琳一直盯着阿尔伯特的一举一动。他的眼皮发沉,似乎快要睡过去了。看到男朋友的这种表现,罗琳闭了嘴,她不想再继续说下去,只是一言不发地望着那个马上就要入睡的男人。过了老半天,阿尔伯特才发现屋子里安静得要命,他睡眼惺忪地抬头看着罗琳,含含糊糊地说道:"你母亲的病情我真的感到很难过,乔安娜,真的很难过。你继续说吧,我听着呢……"

人心真的是一种十分微妙的东西,我们常说两个人的相爱只是一瞬间的事情,但是两颗心一秒钟相距咫尺天涯,也绝非不可能。罗琳站起身,对着沙发上的醉汉说:"晚安,阿尔伯特。"

然后就起身走回了自己的房间,当她打算关上房门的时候,她听到沙发那边传来了沉闷的呼噜声。

这一晚,罗琳睡得意外地踏实,似乎是因为她已经彻底放弃了某种期待,内心也因此变得宁静。一阵急促的电话铃声惊醒了沉睡的罗琳。她听到起居室里有开门的声音,阿尔伯特的妈妈趿拉着拖鞋去接电话。罗琳伸了个懒腰,顺手拿起床头上的闹钟看了看,还不到早上 7:30,不知道是谁会这么早打电话过来。

正想着，她听见阿尔伯特的母亲朝自己房间这边走了过来，轻轻地敲了几下门。罗琳赶紧披着衣服下床去开门，门口站着的那个矮胖妇女顶着一头乱发，对罗琳说："是你父亲的电话，孩子。"

罗琳心中一紧，她觉得自己先前那些无论如何都挥之不去的预感似乎要变成现实了。她的父亲基本上不会在这种时间打来电话，如果要找到一个合理的解释，那除了母亲安妮的问题之外，应该也不会有其他的问题了。刚才还迷迷糊糊的罗琳瞬间就清醒了，她的眼睛瞪得大大的，点点头，朝电话那边走去。

罗琳的脑中突然闪过上次回家的时候，彼得对她说起安妮的内脏衰竭得厉害但是精神还不错的场景。她浑身僵硬，而这绝对不是失眠造成的后果。她知道，只要拿起电话，那个他们一家人害怕了十年也逃避了十年的噩耗就会传来。

果然，电话那边的彼得语气沉痛。在罗琳从教堂小屋返回曼彻斯特的几天之后，她的母亲安妮·罗琳在家中安详地去世了。她好像是一直都在等待着罗琳回去看看她，当这个心愿达成之后，她就再也没有什么牵挂了。彼得说，安妮的表情看上去就像是在微笑，她在生命的最后没有遭受疼痛的折磨，感谢上帝。彼得努力保持着跟平日里一样的语气，不过电话这一端的罗琳还是痛苦地跪坐在了地毯上，哽咽不止。

第三节　厄里斯魔镜

挂上了父亲的电话，罗琳还是保持着刚才的那个跪坐姿势一动不动，她垂着头默默流泪，她的肩膀在不停地抽动。阿尔伯特与他的妈妈都有些不知所措，不知道该怎么安慰罗琳，只好站在原地默不作声。罗琳觉得自己有些恍恍惚惚，不知道在地上坐了多久，她用睡衣袖子擦了擦脸，站起来走进卫生间。

只要是还活着的人，就永远也不会知道，在死亡的那一瞬间，心中的感受究竟是安详还是痛苦。

罗琳在洗手台边洗了把脸，看着镜子中的自己，眼睛跟鼻子尖儿都哭红了。鬼使神差地，她对着镜子摆了一个与安妮很像的古怪笑容，眼泪瞬间又涌了出来。这样古怪的笑容，以后再也看不见了。罗琳这才意识到自己永远失去了母亲，永远失去了这个她最爱的人，却获得了一个抱憾终生的圣诞节。

虽然安妮早逝，但是她一直都在影响着罗琳的人生轨迹。对文学的热爱以及对写作的钻研，在这些方面，安妮是罗琳的启蒙老师，她帮助罗琳认识了这个世界的同时，还给予了罗琳丰富的想象力，这些爱好注定要伴随罗琳终生，这也意味着，母亲的印记会一直陪伴在罗琳的身边。

罗琳简单地收拾了一些行李，当天中午就出发返回了塔茨希尔。阿尔伯特对于自己昨晚的那种醉态显得十分后悔，他坚持要陪罗琳一起回去，但是被罗琳拒绝了。

正午的阳光十分和暖，马路上的圣诞气氛还没有完全褪去，大家又开始忙活着过新年。罗琳看着那些路人的笑脸，突然觉得自己似乎离这个世界很遥远，虽然大家都行走在相同的柏油路上，她却没办法感受到与其他人相同的喜悦。

列车飞驰，迅速向后掠去的还是那些熟悉的景色。她下了火车换乘出租车，车窗外的荒凉田埂也没有丝毫改变，还是一副衰败不堪的样子。只是这一次下出租车之后，罗琳没有看到父亲等待的身影。她抬头看了看自己家的房子，产生了一种恍如隔世之感。

彼得比前几天看上去似乎老了好几岁，他的眼睛也是红肿的，但是精神看上去还不错。罗琳进屋的时候，他正坐在起居室的旧沙发上发着呆。彼得说，黛安娜晚些时候也会到，目前家里就只有他们两个人。

仿佛触动了敏感的神经，彼得立即痛苦地哭了起来，罗琳走上去抱住父亲的肩膀，她的心在那一瞬间似乎都要痛苦地缩成一团了。他们花了好长时间才将情绪平稳下来。半夜的时候，黛安娜也带着她的男朋友风尘仆仆地赶回了教堂小屋。

第二天，他们商议了一下关于葬礼的相关事宜。虽然在教堂小屋不远处就有一座公墓，但是安妮·罗琳最终还是被火葬了。追悼仪式就定在距离塔茨希尔大约 30 英里之外一家火葬场举行。

安妮生前是一位性格开朗、思想活跃的女性,她去世的时候只有 44 岁,而且 1/3 的人生都是在病床上度过的。即使如此,安妮的身边还是有很多好朋友,他们都赶来参加安妮的葬礼。罗琳还在这次葬礼上见到了很久未见的阿姨,也就是安妮的妹妹玛丽安。不过遗憾的是,玛丽安与自己的丈夫匆忙赶到的时候,葬礼已经结束了,因为他们在半路上遇到大塞车,耽误了好几个小时。

安妮与彼得的婚姻在最开始的时候并不被安妮的家人看好,安妮很爱彼得,而且事实也证明彼得确实对久病的安妮照顾得无微不至,但是在他们结婚之后,安妮还是很少与自己的娘家联系。玛丽安听说姐姐去世的消息悲痛不已,却意外错过了葬礼,心中的遗憾更是无法言说。

处理完母亲的丧事,罗琳身心俱疲地回到了教堂小屋。她跟黛安娜商议好,要在这里住上几天,至少要陪着彼得过完新年。黛安娜曾经悄悄问起过罗琳,为什么她的男朋友没有来,罗琳只是敷衍地笑笑,并没有多说。

没有了安妮的小屋显得十分空荡,罗琳发现自己完全无法忍受这种压抑的气氛。安妮曾经坐过的轮椅还摆放在起居室的窗子旁边,那上面还搭着前不久罗琳买给母亲的羊毛盖毯。罗琳走过去,默默拿起毛毯,她把脸深深埋进毯子里,满满的都是母亲的味道。

她觉得自己似乎又要哭出来了,赶紧调整一下情绪。她答应妹妹要一起住到新年假期结束,就算是为了彼得,她也只能在这个房子里一边睹物思人一边忍受悲伤。

罗琳一个人在起居室里坐得很久,壁炉里的火早都熄灭了,屋子里变得有些阴冷。她扯过那条羊毛盖毯披在身上,窝在旧沙发里发呆。彼得已经睡了,黛安娜此刻正跟男朋友在房间里聊天,她隐约能听到妹妹的哭声从屋里边传出来。小时候的罗琳一直觉得爸爸才是这个家庭最重要的人物，这种执着的认知她一直保持了很多年。直到现在她才明白，这个家庭中的任何一员对于罗琳一家来说都是十分重要的组成部分，不管缺少了谁，其余人的人生都将变得不再完整。

她想起了那天早上，在阿尔伯特家的卫生间里，自己对着镜子摆出的那个模仿安妮的古怪表情。如果透过镜子的世界，她能够再一次看到安妮，她会对母亲说些什么？罗琳的脑子里突然闯入了这么一个念头。会跟母亲说对不起吗？因为在她最后的时刻自己居然没有陪在她的身边。还是说一声谢谢？读书与写作都成了自己人生中的宝贵财富，即使是在自己最艰难最枯燥的人生阶段，都可以依靠这两样爱好去排解。

回过神的罗琳发现眼泪又一次夺眶而出，她曲着腿坐在沙发上，把脸完全埋入膝盖之间，用毯子盖住头，就那么一动不动地坐着。火炉里的最后一点亮光在这一刻熄灭了，四周顿时一片昏暗。

那一晚，罗琳盖着母亲的遗物在沙发上睡着了。而之前她想到的关于镜子的桥段，在经过一些加工与修改之后，成为了"哈利·波特"小说中的一个重要场景。在故事当中的魔镜面前，人们可以见到他们心中最想看见的场景，比如见到最期待见到的人。不过，魔镜只能给人们提供一种影像，却无法与之交谈。这种设定也许是源于罗琳不知道该对自己的母亲说些什么。而在"哈利·波特"整部小说的创作内容里，暗暗隐藏着"孩子与母亲的牵绊"这条线索，由此可见，安妮·罗琳的去世给"哈利·波特"的故事创作带来了多么重要的影响。

这面神奇的魔镜，最后被罗琳命名为"厄里斯魔镜"。

第四节　最终分手

安妮的去世让罗琳的内心备受打击，她原本就一直对眼下的生活充满了无力感，母亲离世这件事似乎成为了压垮骆驼的最后一根稻草。新年假期结束了，黛安娜与男朋友要马上赶回爱丁堡继续工作，彼得的情绪也恢复了很多，似乎只有罗琳自己还处于失魂落魄的状态。她不希望家人为她担心，只得装出一副若无其事的样子。

彼得很高兴能跟两个女儿一起度过了这个新年，虽然他们失去了安妮，但是生老病死的事情毕竟谁也没能力左右。彼得努力让自己从悲伤中解脱出来，他开始外出散步，偶尔也会跟朋友通电话聊天。在罗琳即将返回曼彻斯特的头一天晚上，彼得在电话里跟一个朋友聊得似乎分外投机。罗琳听出对方是个女人，名字好像是叫珍妮特。罗琳对这个名字似乎有些耳熟，但又记不清在哪儿听到过。

第二天一大早，彼得开着车把罗琳和妹妹他们一直送到车站。他们彼此挥手告别，分别登上了去往不同方向的列车。罗琳又要回到那个死气沉沉的房子，还要面对那些完全提不起兴趣的工作。

即使罗琳希望车能开得慢一些，但是回程的道路似乎格外顺畅。一进家门，罗琳就与正坐在起居室看电视的阿尔伯特打了个照面，他的头发比前几天更长更乱，脸上胡子拉碴，看样子应该有两天没刮了，看起来显得特别颓丧。阿尔伯特见到罗琳一脸的疲态，就走过来帮她拎旅行袋。阿尔伯特的家还是老样子，跟她离开的时候相比没有什么变化。阿尔伯特的妈妈不在家，不知道外出干什么去了。

罗琳走到沙发边，身子沉重地靠了上去。起居室的阳光有点刺眼，照得她涌起了困意。阿尔伯特没有说什么，只是帮她倒了杯水放在茶几上，然后又坐回了自己之前的位置上。

"呃，我是说，葬礼……还好吧？"

罗琳捏了捏眉心，端起面前的杯子三口两口就喝光了里面的水。

"谢谢，阿尔伯特，葬礼还好。"

"是嘛。"

接下来就是一阵沉默。电视里正在播放着午间新闻，但是没有人注意到它的内容是什么。罗琳直勾勾地盯着电视机屏幕发愣，心里忽然想起了之前那个关于魔镜的故事，于是她站起身。

"我可以先回房间吗？"罗琳问阿尔伯特。

"呃，当然可以，当然，请便。"

阿尔伯特的语气还是有些不自然，但是罗琳也懒得去理睬他，拎着自己的手提袋径直走进了房间。她关好房门，在床底下找出那个存放着"哈利·波特"手稿的鞋盒。那些手稿还都静静地躺在盒子里，罗琳把它们都铺在床上，从头到尾地重新看了一遍。

这时，罗琳觉得自己的内心平静了许多，她需要书籍和写作，她需要这些东西带给她安慰与暂时的内心安宁。她找出稿纸跟笔，趴在床上开始写魔镜的故事。每当看到这一段内容，罗琳都会想起自己的母亲。她之前一直都没思索出来，如果面前真的有一面厄里斯魔镜，她应该对母亲说什么？是道歉，还是忏悔？她一直纠结自己没有在最后一刻陪在安妮身边的事情，但是在她动笔写下厄里斯魔镜的故事的时候，她明白了自己应该对安妮说什么。

她会对自己的母亲说"谢谢"，谢谢她交给自己一把通往新世界大门的钥匙，而这个世界具体会是什么样子，全都能够由罗琳手中的笔来描绘。

罗琳在房间里洋洋洒洒地写了将近四个小时，等她完成这份手稿的时候，窗外的街区小路上已经亮起了路灯。她心满意足地将完成的稿子连同之前的那些一起重新收纳放回了鞋盒。此刻，罗琳的心情感到了一些轻松，葬礼带给她的压抑也缓解了不少。

这时，房门被打开。

"乔安娜，我们的晚饭……"

阿尔伯特一边说话一边走进房间，他看到罗琳正坐在床上整理她那个宝贝鞋盒当中的纸张。一直被压抑着的火气似乎在那个瞬间有些上涌，阿尔伯特没有说完他要说的话，只是站在那里看着罗琳，一脸的无奈表情。

"晚饭怎么了？"

阿尔伯特的语气明显变得有些生硬，他面无表情地说道："妈妈去莎拉阿姨家了，所以今天晚上我们没有晚饭。"

"哦，是嘛，那你……"

罗琳觉得这并不是一件多么严重的问题，阿尔伯特的妈妈不在家，他们可以自己准备晚饭。她一边把手稿码放整齐并盖上鞋盒盖子，一边打算问问阿尔伯特想要吃点什么。她虽然并不擅长烹饪，但是把食物弄熟她还是做得到的。

可罗琳的话还没说完，阿尔伯特就打断了她。

"哦，是嘛，这就是你的态度？难道我们都不需要吃晚饭吗？难道你宝贝盒子里的东西能浇上番茄汁，然后摆到餐盘里？"

阿尔伯特的态度让罗琳感到吃惊不已，这种事情完全是一件小得不起眼的事情，他为什么会有这么大的火气？

"我没有别的意思，我只是说没有晚饭，这不算是什么严重的灾难，就是这样。"

"哦，对，你说得没错，就算没有晚饭，地球也不会爆炸是不是？"阿尔伯特的语气开始变得咄咄逼人，"我本来以为你在房间里睡觉，你妈妈去世了，乔安娜，我以为你会在房间里好好休息。谁知道你还是在鼓捣那些没意义的东西。"

"只有你觉得这些没有意义，阿尔伯特，我希望你不要随便评价别人的爱好。而且这跟我妈妈去世有什么关系？你到底要告诉我什么？如果你饿了，我可以弄一些吃的，你犯不上发这种莫名其妙的脾气！"罗琳的火气也开始上升。

"这不是饿不饿的问题，乔安娜！"阿尔伯特的嗓门儿越来越大，"我希望我们能像普通家庭那样生活而已！就这么简单！到天黑的时候就该打算一下今天的晚餐，我们一起打算！就像每一个家庭那样！这是很平常也是重要的事情，而不是简单地糊弄过去，这不是我的生活方式！你为什么总是跟别的女孩不一样！"

阿尔伯特口不择言，终于激怒了罗琳。

"好吧，阿尔伯特，我知道你在想什么了，我的人生到目前为止确实乱七八糟，不过我也有我的生活方式，为什么你只想到你自己？既然这样，你就去找一个你心目中的理想女孩吧！"

罗琳愤怒地跳下床，把手里的鞋盒塞进还没收拾完的旅行袋里，又拎上外套，几步就走出了这个房间。阿尔伯特第一次看见罗琳情绪失控，不知道该作何反应，只是愣愣地看着罗琳在大门那里快速地穿鞋。

"这么晚了，你要去哪儿？"

罗琳没有理他。

"你要去哪儿？乔安娜！"

罗琳穿好鞋子，披好外套，拎上旅行袋，推门走了出去。她重重地把大门甩了回去，一声巨响后，阿尔伯特的牢骚声顿时就听不见了。外面的街区小路上一个人也没有，在这个时间，大多数家庭应该都在吃晚饭。罗琳裹紧了外套的领口，在冷风中朝着商业区的方向走去。她终于可以跟这种生活说再见了。

当天晚上，罗琳在一家宾馆里安顿下来。她先是在宾馆楼下的小餐厅里吃了点东西，然后用公用电话打给了阿尔伯特，她向他正式提出分手。阿尔伯特没有挽留，因为他心里也很清楚，这一天迟早会到来。罗琳说她明天会去取回自己的其余行李，然后就挂上了电话。

回到宾馆的罗琳洗了个热水澡，舒舒服服地睡了一个安稳觉。她心中倍感轻松，虽然想到母亲的离世还是会伤心流泪，但是长久以来的那种压抑感却消减了大半。她一直都不知道，原来自己与阿尔伯特之间的隔阂竟然在不知不觉间变得如此之大，早知道这样做才是正确的选择，她也不必把事情拖了这么久。分手之后，罗琳才弄明白，她与阿尔伯特之间缺乏的是信任与默契。少了这两个重要元素的感情，是支撑不了多久的。

第二天一大早，罗琳拎着自己的手提包迈着轻快的步伐往阿尔伯特家的房子走去。才拐进通往那栋房子的小路上，罗琳就看到阿尔伯特家的大门口停着一辆警车，红色的警灯还在不停地闪烁着，有两个穿警服的警察正站在警车旁边，跟一个矮胖的中年女人说着什么。

第七章　远赴异乡

——葡萄牙的崭新恋情

为了调整心情，罗琳选择离开英国前往葡萄牙。没有了男朋友的束缚，她觉得应该开始过自己想要的生活，教师是一个很不错的职业。在奥波多的一家酒吧里，罗琳认识了乔治·阿朗特斯。这个与自己有着更多共同话题的男人是否能够成为罗琳的最终归宿，就连她自己也不确定。

第一节　奥波多和新室友

　　罗琳知道是发生了什么事情，她心中有点发慌，不知道是不是阿尔伯特出了什么问题。她赶紧快步走到了那个矮胖妇女的跟前，那果然是阿尔伯特的妈妈。

　　原来，昨天晚上罗琳与阿尔伯特大吵了一架之后，罗琳夺门而走，被独自扔下的阿尔伯特觉得既恼火又无可奈何，他的肚子饥肠辘辘，但又怒气冲天，因此心情简直糟糕到了极点。罗琳离开之后，他一直坐在沙发上思考这件事应该如何解决，还没等想出一个合理的解决办法，就接到了罗琳的分手电话。

　　阿尔伯特的内心也受到了打击，他觉得自己一直都在为他们俩的关系着想，但是罗琳似乎对他的努力并不买账。其实，两个很好的人无法成为生活伴侣的原因，多半是因为他们的契合度不佳。热恋中的情侣总是希望把最好的东西给对方，但往往忽略了那个自己认为的最好的东西，究竟是不是对方想要的。

　　阿尔伯特伤心失落，就约了几个朋友一起去酒吧喝酒，结果因为神情过于恍惚而忘了关大门。这后果可想而知，他刚刚离开不到两个小时，他的家就被盗窃犯洗劫一空。那一晚，阿尔伯特一直在酒吧喝酒到天亮，而他的其余家人都去了阿尔伯特的姨妈家参加聚会。就连被盗的事情都是他们的邻居发现的。

早上，一个正在晨跑的年轻人发现阿尔伯特家的汤锅竟然被扔在大门口的马路上，房子的大门大敞四开，阿尔伯特的西装领带也被扔在大门口的台阶上。那个年轻人连忙报了警，并通知了阿尔伯特的妈妈。

罗琳的心中感到有些不舒服，如果不是昨晚上他们两个吵架，也许就不会发生这样的事情。但是警察告诉她，这伙窃贼在这条街区不止袭击了他们一家，还有几家在夜里入睡之后也遭遇了入室盗窃，很多贵重物品都被拿走了。所以，就算是他们两个不吵架，也没办法阻止一个饥渴盗贼的偷窃冲动。

罗琳对警察说，想进去看看自己的物品是否丢失。她想起了母亲留给她的一些遗物还留在她与阿尔伯特的睡房里。比如罗琳有一块英国皇家海军配备的特殊腕表，那是她父亲当水手的时候得到的，后来父亲彼得把那块手表送给了母亲安妮，用来表达自己对她的爱意。在罗琳去埃克塞特大学读书之前，安妮把那块手表送给罗琳当作鼓励。除了手表之外，还有一些其他的东西，都是罗琳从家里带来的。这几年她虽然不停地在各地辗转，这些东西却一直都带在身边。而最主要的是，这些东西对于罗琳的意义并不在于物品本身的价值，因为那些都是安妮留给罗琳的宝贵回忆，所以才会显得弥足珍贵。

罗琳获得了警察的允许，穿过一片狼藉的起居室走进了自己的睡房。那个房间也被翻得面目全非，她甚至看到自己经常使用的那只靠垫上面多出了好几个香烟烫的窟窿。她翻找着自己的物品，果然，那些包含着珍贵回忆的遗物全都不见了踪影。

至此，罗琳只剩下了母亲用过的那条羊毛盖毯。之所以盖毯还在，是因为昨天走得匆忙，没有来得及从旅行袋里拿出来而被直接拎到了宾馆，所以才会幸免于难。罗琳的内心好像受到了一记铁锤的重击，昨晚上的那种轻松愉悦感顿时荡然无存。她越来越不理解，为什么自己要经历这些遭遇？上帝带走了自己最亲爱的母亲，难道这还不够吗？

罗琳走出阿尔伯特的家，拿着她的衣服以及其他日用品。她装书的大牛皮箱和里面的书籍幸免于难，因为她一直坚持要把那个皮箱塞在床底下。她觉得这一次被盗之后，她至今为止的人生似乎都被偷走了。

回到宾馆的罗琳开始审视自己至今为止的人生。不喜欢的学校，不喜欢的生活，不喜欢的工作，不喜欢的恋人。她为什么非要这么对待自己？她为什么不能过一次想要的那种生活？她看向窗外，曼彻斯特厚重的建筑让她感到压抑不堪，甚至看久了都会觉得呼吸困难。

经过一番思考之后，罗琳决定离开英国，她想要换一个新环境，重新开始人生，而不是整日郁闷或者是沉湎于过去。她在《守护者报》上读到了一则来自葡萄牙奥波多的招聘启事，那是一所英语学校在招聘英文教师。这则招聘启事让罗琳的眼睛一亮，让她回忆起之前在巴黎的那一年教学经历。

这也许是一个很好的出路，至少可以告别打字机上的重复劳动。

下定决心之后，罗琳写了一份简历，寄给了那所英文学校的校长。那所英文学校被命名为英考特，校长名叫史蒂夫·卡尔特。卡尔特校长对罗琳的简历十分感兴趣，尤其是她对于巴黎那一段独特的教学方式的描述，卡尔特决定要见见这位年轻的女教师。

几经辗转，卡尔特校长终于与罗琳取得了联系。他们约定在火车站旁边的一家小咖啡馆面试。卡尔特校长是一个 50 岁左右的中年男子，身材匀称，气度不凡，头发梳得一丝不乱，拥有一双带有浓厚葡萄牙人特征的眼睛。他穿着正式的西装，带着罗琳的简历坐在靠窗的一个小角落里等待着罗琳的到来。

　　过了没一会儿，卡尔特校长就看到一个头发有些散乱的年轻女人走进了咖啡馆，那个人正是罗琳。她刚刚经历了母亲病逝、恋人分手、公寓被盗的三重打击，整个人显得十分憔悴。卡尔特校长看到她的脸上挂着浓重的黑眼圈，衣着也有些邋里邋遢，他开始觉得，这个年轻女人也许并不是教师的最佳人选。

　　不过，交谈了几句之后，卡尔特校长发现罗琳是一个十分有想法的年轻人，她对于校长的提问对答如流，谈到教学方式时也总是有自己的主张。卡尔特校长还发现，眼前这个姑娘有着一种与生俱来的幽默感，这种幽默感让人觉得亲切而愉快，虽然她的表情看起来似乎总是透露着隐隐的悲伤，但是这些都无法掩盖她体内所拥有的才华。

　　卡尔特校长当机立断，将这个教师职位给了罗琳。罗琳对于即将到来的葡萄牙生活十分期待，她希望能够换一个环境，给自己转转运。她给彼得打了电话，告诉他自己即将前往葡萄牙谋生，而这次，她将成为一名真正的教师，而不再是让她厌烦的秘书。此时，彼得已经把家从教堂小屋搬到了查普斯托的一所新房子里。因为之前的小屋总是有太多关于安妮的回忆，让彼得没法放松下来。黛安娜与男朋友关系稳定，在爱丁堡的一家诊所里当了护士。一家人似乎都找到了自己的方向，打算开始全新的生活。

　　一周之后，罗琳带着自己寥寥无几的家当来到了葡萄牙。她被安排住在教师员工专用的公寓里。这所公寓位于奥波多中央地带，交通便利，房间宽敞，有四间卧室可供使用。罗琳对于这种住宿条件满意得不得了，因为她终于不用再住宾馆了。

跟罗琳一起同住的还有两位年轻姑娘，一个名叫艾妮·基利，另一个名叫吉尔·普莱维特。艾妮来自爱尔兰，吉尔是英国人。幸运的是，她们都有着十分开朗的性格与和善的品德，罗琳与她们很快就成为了无话不谈的好朋友。

她们一起逛街购物，一起去酒吧欢饮，她们的友谊慢慢变得愈加深厚。她们是患难之交，在罗琳遭遇巨大困难、生活陷入窘境的时候，这两个姑娘仍旧义无反顾地伸出援手。她们是罗琳生命中无法替代的好朋友，这一点从后来出版的"哈利·波特"第三卷《哈利·波特与阿兹卡班的囚徒》的题词上就看得出，罗琳把这本小说献给了自己的好朋友，"献给秋千①的教母，吉尔·普莱维特和艾妮·基利"。

---

① 秋千，罗琳在葡萄牙奥波多任教期间，经常与吉尔、艾妮去的一家舞厅。

第二节　秋千与红酒

　　葡萄牙的新生活给罗琳带来了更多的动力，她觉得自己好像获得了一次新生，肩膀上再也不会压着那些叫她心烦的事情。没有了阿尔伯特妈妈的唠叨，没有了阿尔伯特的怒吼，没有讨厌的工作，没有压抑的气氛，虽然她时常还是会想起自己的母亲，感慨那些失落的母亲的遗物，但大多数时候，罗琳还是能感受到自己身边充满了阳光。

　　罗琳所在的奥波多是葡萄牙的一个城市，这里盛产红酒，是葡萄牙酒文化的代表。由于其酿酒业十分发达，连带着旅游业也随之兴旺起来，因此这里的街道上总是来往行走着不同肤色的人，他们当中的大多数都是慕名而来的旅行者。

　　环境的改变真的能够改变一个人的气场，在这个犹如世外桃源的城市里，罗琳决定好好生活，再也不要像之前那样懵懵懂懂地过日子了。她有了新的伙伴，还有一份她喜欢的工作，眼前的一切美好得叫她觉得有些不真实。

罗琳所供职的英考特英文学校是由社会力量办学，来这里学习的人年纪从几岁到几十岁不等，这些学员带着不同的学习目标来到这里。有的是为了应对考试，这样的学员多半都是十几岁的年轻人；有的则是为了接受专业的英文培训以便能够将其运用在自己的工作中；还有的只是为了打发无聊的时光。

罗琳很喜欢跟她的学员们在一起，特别是那些十几岁的年轻学生。他们朝气蓬勃、思想活跃，总是能够提出一些新鲜问题，而罗琳并不觉得这是麻烦，她很乐意为他们解答那些古怪的问题，甚至包括一些淘气的男学生笑着问她是否有男朋友。罗琳每一天都要上课，周六、周日的时候，上课的时间会改在晚饭之后。虽然看上去时间被占用得很满，但由于每一节课只有一个半小时的时长，而且多半都被安排在下午或者晚上，她的业余时间反而变得比从前宽裕了不少。不过，就算没有这些业余时间，罗琳也不会有什么怨言，能够做自己喜欢的事情，这比什么都来得要紧。

由于业余时间变多了，罗琳重操旧业，开始在咖啡馆继续进行"哈利·波特"小说的创作。她发现了一家名叫玛吉斯提克的咖啡馆，这里很安静，平时没有很多客人，非常适合她写作。从此，罗琳成为了这里的常客。她每天都会早早起床，带着"哈利·波特"的手稿前往这家咖啡馆。她会找一个靠着窗户的座位坐下，然后再点上一杯咖啡和一份早餐。罗琳通常会一直写作到下午，中间如果饿了，就直接在咖啡馆解决午饭问题。等到时间快到的时候，她再收拾好东西去学校上课。奥波多并没有太多令人痴迷的自然风光，但是如童话一般的繁茂植被，安静悠闲的城市节奏，还有温润潮湿自然气候，都给了罗琳前所未有的写作灵感。这里并非绝世胜地，却比她之前待过的任何地方都要亲切宜人。

罗琳很清楚地记得，之前在火车站旁边的小咖啡馆面试的时候，自己的穿着邋里邋遢，状态真的非常糟糕。那阵子，她被身边接二连三的打击搞得疲惫不堪，形容憔悴，说实话，就连她自己都没有对那次面试抱太大的希望。不过，即使自己以那种颓废的形象示人，卡尔特校长还是能够认清并欣赏她的能力，给了她这次任教的机会，她希望通过自己的努力来证明，卡尔特校长并没有看错人。在业余时间里，除了搞自己的文学创作之外，罗琳也会研究她的课堂教学方法。她选择延续之前在巴黎的那种教学模式，让学生自由发挥，给他们足够的时间去表达。罗琳一直坚信，语言这种东西，生来就是要被人类使用的，局限在纸张与书本上的程式化记忆，终究无法代替口头表达所带来的深刻印象。

罗琳的学生对这种活跃的教学方式十分青睐，他们喜欢罗琳的课堂，因为只有在罗琳的课堂上，他们才不会犯困打瞌睡。这种教学方式同样也被罗琳应用到了周末夜校里的那些年龄段较大的学生身上。这些学生当中有中年人，有家庭主妇，甚至还有 60 多岁的老人。一开始，他们觉得这种畅所欲言式的教学方式简直让人无法理解，因为他们带去的笔记本跟笔都完全派不上用场。不过，经过罗琳的详细解释之后，他们也开始尝试去运用语言来表达自己的意思，并不怕犯错，很快，他们也开始喜爱上了这种课堂教学模式，有的老人甚至觉得自己又回到了年轻的学生时代。

卡尔特校长对罗琳在学校的表现十分满意，他很庆幸，幸亏在之前面试的时候他没有被罗琳颓废的外表所蒙蔽。其实，每个人都只有在他们擅长的领域当中才能发挥出无限才华，罗琳自然也不例外。人非圣贤，总有做得来的事情与做不来的事情，正因为这种互补性的存在，社会分工才会多种多样，各不相同。一旦你发现自己正在一边抱怨命运的不公一边平庸度日，那也许只是你还没有选对自己的领域。

工作上的成就令罗琳感到十分开心，而这份开心并不是百分之百来自于事业的发展，还有一大部分是来自于她的两个好朋友，吉尔·普莱维特和艾妮·基利。这两个善良的姑娘与罗琳十分投缘，她们之间的关系很快就从室友升级为密友。她们经常一起结伴出游，逛街购物，共进晚餐，不过偶尔也会分别单独行动，但这并不意味着不合群，或者对其他人有排斥或厌倦。这种自由的交往方式令罗琳十分喜爱，也十分珍惜。在奥波多生活的初期，她们喜欢去一家名字叫作"秋千"的歌舞厅。在三个人都没有排课的晚上，她们总是会去"秋千"喝酒跳舞，结交更多的男性朋友。因为去的次数实在太频繁，罗琳便戏称吉尔和艾妮为"秋千的教母"，而这个称呼一直沿用到《哈利·波特与阿兹卡班的囚徒》出版。她们十分喜欢喝一种名叫"獠牙"的鸡尾酒，这种酒是"秋千"的特质酒，其他的店里都找不到类似的东西。

罗琳重新开始打扮自己，虽然她还没有完全从失恋的阴影中摆脱出来，但是新的环境给她带来了很多积极的影响，她试图主动改变自己。不再画叛逆的烟熏妆，也终于摆脱掉了那套难看的职业套装，罗琳开始慢慢寻找适合自己的穿衣风格。怎样能够让自己既显得端庄大方、适合教师这个职业，又不至于看上去过于老气横秋，罗琳一直在思索这个问题。艾妮与吉尔在这件事情上帮了大忙，他们走遍所有能找到的服装店或者购物商场，帮罗琳选购了很多衣服和化妆品。经过一番仔细穿戴，罗琳简直不相信镜子当中那个充满活力的年轻女人就是自己。她之前度过了太多太多沉寂的岁月，似乎已经快要忘记自己还是个年轻女孩。

从此，艾妮、吉尔与罗琳成为了英考特英文学校的三朵姐妹花，因为她们总是衣着得体、光彩照人、动作优雅、笑容可掬。年轻美丽的女孩，总是抵挡不住美好恋情的不期而遇。罗琳虽然与前任男友分手了不少时日，但是心中的郁结一直没有完全消散。

　　人们常说，想要结束一段恋情的最好办法就是展开一段新恋情。此时，一个能够影响罗琳今后人生轨迹的男人即将闯入罗琳的世界。

第三节　乔治·阿朗特斯

　　某日，艾妮、吉尔与罗琳又一次相约出游。最近，她们三个人一直没有共同的休息时间，已经好久没有结伴游玩了。她们原本打算按照老规矩，去"秋千"打发夜晚的时光，顺便还能喝上两杯"獠牙"，可等她们到了那里才发现，"秋千"那天晚上不知道是什么原因，大门紧闭没有营业。这种状态实在是不同寻常，于是，三个姑娘只好更改了游玩路线，临时去了一家名叫"米亚卡沃"的酒吧。这一看似平常的行为，却成为了改变罗琳命运轨迹的一个重要节点。

　　"米亚卡沃"也是她们经常去的老据点，只是次数没有"秋千"那么频繁。"米亚卡沃"是一家占地面积并不太大的小酒吧，一共分为上下两层，上面那层是迪斯科舞厅，下面一层则是普通的酒吧，通常都会放爵士乐。罗琳她们去的那天晚上，楼下正在播放着由 W. C. Handy 谱曲的一首著名蓝调《Yellow Dog Blues》。W. C. Handy 被称作"蓝调之父"，那种平和中带着忧郁的曲调瞬间俘获了罗琳的心。艾妮与吉尔提出想去二楼跳舞，罗琳则表示自己想坐在楼下休息一下，因为她很想听听店里播放的爵士乐。艾妮与吉尔也不强求，她们的朋友乔安娜·罗琳，身上总是不自觉地散发出一种文学青年的气息。

"好吧，乔小姐。我们去去就回。"

艾妮调笑罗琳，罗琳也笑了。"某某小姐"这种称呼是她们在共同生活的公寓中给彼此定下的特定昵称。

"谢谢你们，艾妮小姐，请你好好拉着吉尔小姐的手，别让她被其他男人抢走。"

艾妮与吉尔嘻嘻地笑着，点好了酒，就一路走上了二层。只留下罗琳独自坐在吧台上，无所事事地听着爵士乐。今天酒吧的客人不算太多，楼上听起来倒是很热闹喧嚣。侍者帮罗琳调制了一杯鸡尾酒，颜色是翠绿的渐变色，最上面搭配了一只红色樱桃。罗琳没记住那酒的名字，只记得那杯酒喝起来居然有一股西瓜的味道。

这时，背景音乐已经切换到另外一首，还是一首蓝调，但是罗琳不知道这首歌的名字。蓝调音乐虽然听起来风格差不多，但每一首都包含着作曲者完全不同的心境。

罗琳觉得这首也十分动听，就打算喊过侍者，问问它的名字。她声音不大地喊了一句，但是侍者在那边帮别的客人倒酒，似乎并没有听见。罗琳没有太在意，继续低头喝着那杯西瓜味道的鸡尾酒。

"这首叫《Beale Street Blues》。"

突然，一个男声出现在罗琳身后。他说的是英语，而不是葡萄牙语，虽然音调有些古怪，但相对其他葡萄牙人来说，他的发音还是十分标准的。罗琳回过头去看，一个棕色头发的年轻男人正站在她的身后。那男人个子不高，但是样貌比较清秀，脸上挂着微笑，手里端着一杯喝了一半的啤酒。

"谢谢你。"

罗琳冲他微笑了一下。

"可以坐在你旁边吗？"那男人热情地问道。

"哦，当然，请坐！"

罗琳把自己的手提包拿到了另外一边，请那个男人坐下。那男人坐定之后浅浅地抿了一口啤酒。

"《Beale Street Blues》，跟刚才那首的作曲是一个人。"

罗琳没回答，只是微笑着点了点头。

那个男人也不觉得尴尬，继续说道："你是英国人吧？所以我说了英语。我刚刚在那边看到你，我觉得你应该是英国人，你跟那些葡萄牙姑娘的感觉完全不同。"

罗琳笑出了声，她觉得这个年轻男人好像挺有趣，于是说道："是的，没错，你猜对了，我是英国人，我来自英格兰。"

"啊！"那男人突然打断了罗琳的话，"真抱歉，我还没做自我介绍，我叫乔治·阿朗特斯，不介意的话，你可以喊我乔治，我妈妈也这么叫我。"

"哦，你好！阿朗特斯先生，我是说，乔治，很高兴认识你。乔安娜·罗琳。"

罗琳伸出手，打算跟乔治握握手表示友好，可是突然又觉得自己这样似乎有点冒昧，也少了一些女孩子该有的矜持。不过手伸出去也没法马上缩回来，还没等她开始尴尬，乔治就连忙握住了罗琳的手，他使劲儿地摇了几下："幸会！乔安娜！"

罗琳对眼前的这个年轻男人印象很好，因为他的谈吐举止似乎都透露着一种亲切感，这让罗琳感到很舒服。乔治说话的语速有点快，有着自己独特的幽默感，这一点十分吸引罗琳。他们介绍了彼此的职业，乔治·阿朗特斯是一名新闻系的学生，目前还没有正式的职业，而且他还必须去服兵役，这一点令他有些苦恼。当罗琳介绍自己是一名英语教师的时候，乔治的脸上出现了喜悦的神色。

乔治对罗琳的职业大加赞赏，他说他十分钦佩教师这个职业，也很想学地道的英语，他知道自己的口音听上去十分古怪，虽然罗琳不说，但是他自己也能意识到这一点，他希望以后有机会，罗琳能给予他一些指点。罗琳看着眼前的这个叫作乔治的男人，心中多少明白了一些他的意图，不过她还没有完全从阿尔伯特的阴影中走出来，还不大想要重新开始一段恋情，于是乔治的这个要求就被她敷衍过去了。

那一晚，他们聊了很多，乔治对罗琳讲述了自己对蓝调音乐的热爱，以及对书本的热爱。他喜欢阅读，特别是喜欢英国文学，这也许跟他的专业课老师有关，他的专业课老师似乎很喜欢拿英国来举例，这让他对英国的文化也产生了极大的兴趣。乔治讲述着他读过的几本小说以及读完这些书籍之后的感受，还有对作者的评价。听着这些，罗琳的脑中不禁闪现出阿尔伯特因为"哈利·波特"手稿的原因而对她大喊大叫的场景，阿尔伯特不喜欢她研究这些与日常生活无关的事情，他总是在思考为什么罗琳跟他想象中的女孩完全不同。想到这些，罗琳觉得眼前这个乔治似乎更加可爱一些，至少他们在读书方面有很多共同话题。虽然乔治对书本的很多观点都与罗琳的不符，但是能够争论这些问题也是一件有趣的事情。罗琳的心里悄悄地想着这些事情，脸上的表情开始缓和，之前防备的内心也慢慢松懈下来。

　　乔治·阿朗特斯是个自来熟，罗琳与他交谈了整个晚上，居然完全没有什么陌生感，乔治给人的第一印象就好像是一个相识了多年的老朋友那般亲切友好。罗琳内心的天平开始朝着乔治的方向倾斜，但是基于之前在阿尔伯特那里获得的经验，这一次，她并不想轻易就开始一段恋情，她希望能够再了解一下乔治这个人，她不希望再给自己留下不愉快的回忆。

　　罗琳有些矜持，但乔治却完全不在意那些，他对罗琳的殷勤就连吧台后面的侍者都看出来了。罗琳想找个借口先离开，无奈自己的两个朋友此刻正在楼上的迪斯科舞厅里忘我酣畅地热舞，根本不会记起她们已经跳了多长时间。

　　尽管内心有些纠结，罗琳还是不想错过。于是，她想了个折中的办法。她先是跟侍者要了两张"米亚卡沃"酒吧的名片，然后把自己的联系电话写到了名片背面的空白处，乔治也赶紧在另外一张的背面写下了自己家里的电话号码，他们交换了联系方式。

　　交换名片的时候，乔治的脸上始终洋溢着兴奋的表情，虽然罗琳没有说太多的话，但是乔治知道她懂得自己的意思。他的心里咚咚咚地敲着小鼓，声音大得好像都能被罗琳听到。狂跳的心脏无时无刻不在提醒他，他对眼前的这个英国姑娘一见钟情了。

　　艾妮与吉尔在楼上跳了三个多小时之后，总算想起楼下还坐着她们的好姐妹。她俩大汗淋漓地走下楼梯的时候，正好看到了吧台那边相谈甚欢的罗琳与乔治。这三个多小时当中，乔治一直都在陪伴罗琳聊天，虽然有的话题没什么价值，但是罗琳也不觉得厌烦。直到艾妮与吉尔出现，乔治才依依不舍地离开了酒吧。

第四节　浪漫的约会和无尽的争吵

对于刚刚消失在酒吧大门那里的男青年，艾妮与吉尔都充满了好奇，她们一左一右坐在罗琳旁边问个不停，罗琳也不掩饰，就把刚刚与乔治相遇的事情以及谈话内容都毫无保留地讲了出来。喝得微醉的两个女孩都听得很兴奋，她们调侃罗琳，说这也许是她的白马王子出现了。

罗琳不想跟两个醉酒的人谈论自己此刻的内心感受，于是她们不再聊这个话题，一起摇摇晃晃地朝她们居住的公寓走去。第二天一大早，罗琳刚刚起床，乔治就把电话打了过来。他在电话里的声音听上去很有磁性，但是语气还是十分紧张，语速很快。他对罗琳说，昨天晚上本来想送她们回去，但是又担心罗琳会误会自己的意图，于是就先离开了。罗琳倒是不在意这些小事，不过对于乔治的这通电话，她多少感到有些意外。罗琳原本以为，昨晚上他们只是萍水相逢，也许是酒吧昏暗的暧昧光线作祟，也许是酒精搞得人头脑发昏，出了酒吧的大门，他们就是完全的陌生人，甚至连这辈子还能不能见到面都不好说。

　　这通电话让罗琳觉得心中似有一股暖流涌过，这种感觉她之前还真是从未体验过。罗琳不确定自己是不是真的喜欢上了乔治，虽然她的心脏并没有因为听到对方的声音而紧张得狂跳不止，但是这种前所未有的温暖感受，却让她对自己的心意产生了怀疑。他的笑容，他的言谈举止，他的兴趣爱好，罗琳忍不住在内心中把乔治跟阿尔伯特对比了一下，从目前看来，乔治似乎跟自己更合拍，因为他们有更多的共同语言。

　　乔治在电话里约罗琳再次出来见面，罗琳有些犹豫，但最后还是答应了乔治的邀请。挂断电话的罗琳心中还在盘算，不知道自己的做法是不是妥当。她找到艾妮和吉尔商量这件事情，此时的罗琳已经非常信任她的这两个室友兼闺蜜，她们之间彼此信任，且无话不谈。听了罗琳的讲述之后，个性沉稳独立的吉尔没有马上发表看法，反而问罗琳对于这件事是怎么看的。

　　罗琳坦诚地讲出了自己之前与阿尔伯特交往得并不顺利的事情，她也表达了她内心的烦恼根源，由于她跟阿尔伯特闹分手的时候正赶上母亲去世，两件悲伤的事情重叠在一起，令她总是无法走出那段阴影。

　　吉尔听完，握了握罗琳的手："新的恋爱会改变你目前的现状的。乔，你需要忘掉之前那些不开心的事情，尽管这不太容易，但是你必须这么做。虽然我们并不了解这个叫乔治的男人，但是我想他应该多少能够改变一下你目前的生活状态。我想艾妮跟我的观点差不多。"

　　罗琳看了一眼身旁坐着的艾妮，她正使劲儿地冲自己点着头。吉尔的观点是，罗琳在做出决定之前，可以先观望一下这个小伙子，现在说什么都还太早。有了朋友的支持，罗琳的心中踏实了很多，当天晚上，罗琳便去赴了乔治的约会。

他们约定在奥波多一家很有名的家庭餐馆门口见面。罗琳没有做太招摇的打扮，还是穿着平时上班时候穿的衣服，脸上画着淡妆，这显得她看上去特别富有知性。罗琳到这里的时间比约定的早了十分钟，她坐在路旁的长椅上一边休息一边等待乔治的到来。她本想利用这段时间继续在脑中盘算自己的小说情节，却发现怎么也集中不了精力。

等了大约15分钟之后，罗琳看见乔治从远处跑了过来。他穿着休闲夹克和牛仔裤，看上去活力十足。虽然乔治的个子不高，但是身材结实，看上去就像一名运动员。他跑到罗琳面前，一边喘着粗气一边向罗琳抱歉："真是……对不起！我本来以为能……提前五分钟……就到这里……哦，天哪，真是不好意思……我应该早点来的……"

罗琳看到乔治气喘吁吁的样子，于是微笑了一下，表示没关系，就请他先坐下休息一会儿，等调整好呼吸再说也不迟。乔治看样子真是累坏了，一屁股坐在长椅上，好一会儿呼吸才算是恢复了正常。

"哦！很抱歉，罗琳小姐，我本以为约在离你的公寓近一些的地方会比较好，我要是先弄清楚我的路线就好，刚刚我居然迷路了，绕了一大圈才找到这里。"

乔治解释道，脸颊还是红红的。

罗琳笑出了声："什么？你居然迷路了，哈哈哈。"

"是啊，我真是太蠢了，我走到相反的方向去了。不过等我绕地球一圈儿之后，我还是会走到这家店的门口的，只不过这会花点时间。"

乔治拿自己调侃，罗琳不由得开怀大笑。

"乔治，和昨晚一样，叫我乔安娜就可以。"

感情这种事情真是很难说清，虽然罗琳已经答应两个朋友会好好观望一下乔治的性格之后再做决定，可是在一种特定氛围的笼罩之下，人的思维往往会变得很跳跃。此时，罗琳的大脑忽略了先前所有的烦恼，直接做出了选择。从长椅上站起来之后，他们手拉着手走入了路边这家家庭餐馆。

　　从那天起，罗琳与乔治的关系迅速升温，他们经常出去约会，逛街看电影或者烛光晚餐，但这都是一些平常的项目。乔治没有什么钱，但是似乎很会讨女孩子欢心。他经常会给罗琳买一些小玩意儿当作礼物，都不是很贵重的东西，比如胸针、发夹或者是画着中国式花纹的小木梳。罗琳知道这些东西并不值多少钱，但是那种时不时就会出现的惊喜早都已经远远胜过了礼物本身的价值。

　　以前，阿尔伯特基本不会给罗琳买什么东西，送礼物这种事情一般只是在圣诞节或者情人节的时候才有，多半也都是生活用品，比如印着花纹的枕套或者是皮质手套。阿尔伯特不怎么会选礼物，他曾经连续三年的情人节都送给罗琳皮手套。而罗琳过生日的时候，阿尔伯特通常是带着她去外面的餐馆吃一顿大餐，因为阿尔伯特觉得吃饱了比拿到东西更实在。

　　现在的一切都是罗琳之前在阿尔伯特那里没有经历过的，她觉得这很新鲜。后来，罗琳变得十分期盼与乔治的约会，并不是贪图那些小东西，只是十分喜欢那种获得意外之喜的感觉。

　　不过随着交往的时间越来越长，罗琳发现乔治的身上也存在着不少缺点，有的缺点甚至是她有些无法容忍的，比如乔治生起气来性格就会变得十分冲动。罗琳的前男友也容易个性冲动，但也顶多是大吵大嚷而已。罗琳发现乔治生气的时候总会变得有些暴力，他们时不时就会吵架，虽然乔治不至于动手打人，但是每次都叫罗琳觉得胆战心惊。庆幸的是，乔治的脾气通常来得快去得也快，他冷静之后就会立即跑过来求罗琳原谅。

除了这一点之外，罗琳还发现乔治有点爱抱怨，总是慨叹命运的不公平，却想不出任何办法去解决这种不公所带来的麻烦。如果罗琳劝他想开一些，他就会责怪罗琳总是把问题想得太简单。乔治经常会在心情大好的时候跟罗琳保证，将来一定会努力工作，这样她就可以在家里当一个全职太太，有更多的时间研究创作。罗琳最开始听到这些话语的时候当真是感动了一把，不过随着这种话题重复率的不断上升，罗琳的回应也从感动变成了不太相信，又从不太相信变成了反感。

冲动的爱情通常开始于一个瞬间，刚刚点燃的那一刻，光亮与热度都达到了最高点，但是，那种炽热感会随着日常生活的消磨而变得逐渐冷却。罗琳与乔治的爱情差不多也是这种发展模式，当最初的激情退却之后，他们注定要面对彼此观念不合与性格差异所带来的麻烦，这其中时不时还穿插着数不清的、鸡毛蒜皮的小麻烦。

罗琳的两个朋友也觉得罗琳对于这段感情的开始有些操之过急，但是她们也表示理解，毕竟如果只看乔治的外表的话，还是具有相当吸引力的。不过她们总是提醒罗琳要多观察对方的言行，如果她与乔治真的有长久发展下去的打算的话，很多事情都不得不慎重思考。

女人在恋爱期间总是会对自己的另一半抱有不同程度的幻想，这是局外人永远看得清、局内人却永远想不通的一个铁则。他们经常争吵，之后再在朋友劝说下与乔治的道歉声中和好，不断反复。罗琳感到疲惫和不安，但她很清楚，没有一对情侣是不吵架的。罗琳还是觉得，乔治带给她的快乐还是比烦恼要多一些，至少目前看上去是这样的。

第八章　艰辛岁月
——深陷贫穷与家暴

罗琳在并没有考虑清楚的情况下就与乔治结了婚。婚礼办得不尽如人意，婚后的生活更是乏味无比。乔治的表现叫罗琳失望，女儿杰西卡的降生也并没有给这个家庭带来更多的改变，一场暴风骤雨般的噩梦即将在罗琳的生活中上演。

第一节　黑色婚礼

即使经常吵架，罗琳与乔治还是一直作为情侣交往着。其实罗琳自己也说不清楚乔治到底哪里吸引她，也许她只是希望能够赶紧忘掉与阿尔伯特的那些不愉快的经历，或者她希望有个人在她思念去世的母亲的时候能够为她赶走内心的孤独与无助。不过要是照这种分析来看，乔治似乎也算不上一个特别合适的人选。

之所以说乔治并不是能治疗罗琳内心苦闷的最佳人选，原因还是出在他与罗琳的契合度上，这些问题在他们一起生活了很长一段时间之后才慢慢暴露了出来。

一开始，罗琳与乔治都是去外面约会，有时候去家庭餐馆，有时候也去电影院和咖啡店。乔治花钱不算大方，但是他对罗琳的两个朋友很热情，总是一副笑容可掬的样子。这叫吉尔与艾妮对他的印象多少有了一些改观。借着这种时机，乔治向罗琳表示希望罗琳能够搬到自己家里去同住，罗琳又一次需要面对这个问题的折磨。

　　罗琳觉得自己还没准备好，似乎就又要开始与之前相似的步骤了。真不知道这一次跟乔治住在一起又会遇到什么问题。她很清楚自己性格当中的缺点——固执、倔强，在某些事情上会多多少少缺乏一些主见。她一直希望自己能够找到一个可以包容她这些缺点的人共度余生，但她自己也知道这并不是一件容易的事情。而对于乔治，虽然他脾气不好，人有些懒惰，但最起码与自己还有不少共通点，又比较会哄女孩子开心，这么看来，乔治似乎也不错。

　　人的缺点通常都是通过深入的交往之后才看出来的。在他们相识三个月之后，罗琳离开了与两位闺蜜一同居住的公寓，搬到乔治的家居住。乔治的家位于奥波多西边的住宅区内，那是一所有着两间小卧室与一个起居室的小住宅，空间十分局促，从卧室的房门走出来，如果不小心就会撞到起居室的沙发，屋子里到处都堆满了东西。乔治与妈妈玛利亚一起住在这间小房子里，罗琳搬来之后，就变成了三个人同住，生活用品增加了，屋子看上去就更加拥挤不堪。

　　对于居住条件，罗琳并不算太在意，只是乔治的妈妈玛利亚性格有些古怪，她好像并不大欢迎罗琳住进来。她们没有起过正面冲突，因为她们几乎从不交谈。玛利亚年纪比乔治其他朋友的母亲要大很多，英文蹩脚，性格孤僻，对什么事情都变现得十分冷淡。罗琳并不是无法理解玛利亚的表现，虽然在葡萄牙，与对方的家长共同生活是一件很平常的事情，但毕竟乔治家的居住空间并不宽敞，现在自己搬进来反而变得更加不便。再加上母亲对儿子会有一种天生的占有欲，一直依靠着自己的小男孩儿不知不觉长大成人，又有了另外一个女人突然出现，而这个女人还要占有儿子余下的人生，做母亲的心理上或多或少都会有一些落差，只不过每个人的表现程度不同。加之罗琳自身并不是一个善于迎合他人的女性，这让她与乔治母亲的关系有一点紧张。

乔治对于这些倒是看得很开，每天还是过着自己的小日子，不知道是没有意识到罗琳与自己母亲之间的问题，还是只是在刻意回避。他们同居的期间，还是会经常吵个小架，但是因为吵的次数太多，罗琳已经对这种事情变得习以为常。她继续在英考特学校执教，只是这一次，她赚到的工资并不仅仅花在自己身上，她经常会拿出一部分贴补乔治家的家用。

即使与男朋友同居，白天去咖啡馆写作的习惯罗琳还是一直坚持着。乔治虽然没有表示过大力支持，但同样也没表示反对，这叫罗琳感到十分欣慰。每天都生活在那个压抑的小房间里，至少她还有机会出来呼吸一下新鲜空气，做一些自己喜欢做的事情，罗琳觉得很满足。吉尔与艾妮很担心罗琳的生活过得不好，每当她们约在玛吉斯提克咖啡馆见面时，却总是会看到罗琳奋笔疾书的兴奋样子，悬着的心也就慢慢放了下来。

在罗琳与乔治同居了一个月之后，乔治向罗琳求婚。那是在 1992 年的 8 月 28 日，奥波多的天空下着小雨，雨点不疾不徐，绵软得让人心烦，到处都是湿漉漉的。乔治没有什么正式工作，每天几乎都是睡到中午才起床，而那天天空阴沉得厉害，乔治也许会一觉睡到下午。罗琳醒来的时候，乔治正鼾声如雷地酣睡，罗琳看到自己的闹钟上粘着一张纸条，是乔治的笔迹。

"今晚 8 点，勃朗特餐厅，不见不散。"

罗琳弄不明白乔治要干什么，也许是想吃勃朗特家的招牌菜了？她没有多想，也起床收拾了一下就出门了。

当天晚上 8 点，罗琳准时来到勃朗特餐厅赴约。她看见乔治已经订好了餐桌，正等待着她的到来。乔治穿着一身西装，跟平时的感觉有些不大一样。罗琳在乔治对面坐下来，她看到桌子上已经点了一些菜，其中有她从来都不喜欢吃的辣椒海鲜汤。罗琳知道乔治对于这些事情总是很粗心，他记不住罗琳喜欢吃什么或者讨厌吃什么。

罗琳盯着辣椒海鲜汤看了一会儿，就开口问道："我们今天怎么来这儿吃饭了？难道有什么好事需要庆祝？"

"你猜对了！"乔治的语气显得有些神秘，他先是从自己的屁股后面掏出一支玫瑰花，递到了罗琳的跟前，他的动作很大，差点儿把罗琳的眼睛都戳着了。

"哦，是玫瑰花，谢谢你乔治！为什么要送这个给我？"罗琳感到有些意外。

"当然是有原因的！"说着，乔治就从自己西装的口袋里掏出了一个黑色的小盒子。乔治把盒子放在罗琳面前的桌面上，"你打开自己看看。"

乔治脸上笑嘻嘻的，罗琳的心脏跳得很厉害，看着那个小盒子，心中似乎猜出了几分。她打开小盒子，里面果然是一枚戒指。

坐在对面的乔治突然站起来喊道："嫁给我吧！乔安娜！"

女孩子在被求婚的时候，特别是被喜欢的人求婚的时候，她们的幸福感总是难以言喻。刚刚的罗琳还在为桌上的那份辣椒海鲜汤而不高兴，这一刻，她早都已经把那种不必要的烦恼抛之脑后了。

他们愉快地吃完了这顿饭，手拉手走回家。那天夜里，罗琳在床上辗转难眠，她想了很多，包括结婚的事情。自己真的准备好了吗？乔治是否值得她依靠？她甚至还设想如果自己得了母亲的那种病，乔治会像父亲照顾母亲那样照顾自己吗？那一夜，罗琳在胡思乱想中睡了过去，做了一晚上稀奇古怪的梦。

求婚的喜悦慢慢变淡，罗琳在乔治家的每一天还是老样子。他们的婚期定在 10 月 16 号，罗琳考虑了很多，她与乔治商议应该更换哪些家具，她还打算把家里的窗帘与床单都换成新的，还有沙发和起居室的餐桌也都旧了，正好可以添置一些新的。不过他们算计了一下支出，那是一笔不小的费用。

　　罗琳在英考特学校的收入并不算特别多，虽然可以维持正常的生活，但是要结婚添置新家具的话就显得捉襟见肘。他们本来就没有什么存款，这下就算是花光兜里所有的钞票也不见得够用。罗琳建议乔治也找一份工作，这样他们可以把婚期稍微延后一些，有了充足的资金，买新东西就不成问题。罗琳还说到婚后他们会有孩子，单靠目前的收入是不够养活一家子人的。

　　这本来是平平常常的一个建议，却令乔治一下子就发起怒来。

　　"你是在质疑我的能力？"乔治刚刚眉飞色舞的表情瞬间就不见了，"别总跟我提工作的事情！说得那么轻描淡写，就好像是你多了解我一样！难道我不想赚大钱吗？我需要的是机会，你懂吗？乔安娜！是机会！你也只是做自己喜欢的事情，为什么我就不能！"

　　"我没有对你产生什么质疑，乔治，我只是希望我们的婚礼能办得好一些。既然我们要结婚了，我们就该一起努力，为了以后生活得更好。"罗琳反驳道，"看在上帝的份儿上，你能不能别总是乱发火儿？"

　　"我发火儿了吗？我只是压力很大，乔安娜！是不是因为我最近花了你的钱？你这难道不是在抱怨我无能？"

　　他们俩在房间里因为钱与工作的问题一直吵了两个多小时，最后不欢而散。那天晚上，乔治睡在了起居室的沙发上。第二天，他又像什么事情都没发生一样出现在罗琳面前。不过他的这种行为给罗琳一种感觉，好像他自己才是真的受害者，每次都是因为罗琳的小肚鸡肠他们才会吵架，可是自己的胸怀很宽阔，他很快就能原谅罗琳的粗鲁言行。

这一次糟糕的谈话成为了一根导火索，他们之间的争吵不断上演，就连婚礼的前一天晚上，他们还在进行口舌之争。乔治不愿意出去找个差事做，因为他"看不惯"的事情实在是太多了。他们手里的钱根本买不了什么像样的东西，更别提实现罗琳想要更换窗帘、床单或者是家具的计划。罗琳心中的失望可想而知。

在婚礼当天，罗琳一反常规，穿了一身黑色的结婚礼服。乔治家赶去祝贺的亲友都纷纷向罗琳投去质疑的目光，他们实在搞不懂，这个姑娘在婚礼上穿成这样到底是因为什么。而乔治的母亲玛利亚还是一脸事不关己的漠然。

婚礼仪式按部就班地进行着，罗琳与乔治那天出人意料地没有发生争吵，因为他们已经在头一天晚上就开始了冷战，两人谁都不说话。在与亲友合影的时候，站在镜头最当中的黑礼服新娘罗琳，脸上看不到一丝笑容。

婚礼是女孩迈向成熟女人的重要标志，也是她们能够回忆一生的珍宝。由此看来，她们向往鲜红玫瑰、洁白的婚纱、众人的簇拥与祝福，都是理所当然的事情。别怪她们注重形式，因为对于女孩来说，婚礼是一生只能进行一次的大事。可是罗琳的婚礼从头到尾都充满着遗憾，而这个不太顺利的开端也一直影响着他们之后的婚姻生活。

第二节　孤独中出生的杰西卡

　　罗琳觉得自己的婚礼简直糟糕得没法用语言来形容了，她的两个好朋友吉尔和艾妮也很不理解，为什么那天罗琳要穿着黑色礼服。不过既然是罗琳自己的选择，作为好友的两人也只能选择尊重这种决定。

　　婚后日子跟之前没有任何改变。

　　罗琳还是每天起早去咖啡馆写作，然后再去学校上课，晚上会跟吉尔和艾妮去酒吧坐坐，聊聊天，偶尔也去她们曾经一起生活的公寓，在那里自己动手做一顿晚餐。罗琳一直没有感受到婚姻给她的生活带来了什么样的变化，除了需要用自己辛苦赚来的钱去补贴一个男人之外，没有得到更多的东西。她甚至发现，她与乔治的关系似乎因为结婚而变得有些疏远，乔治仍旧不出去工作，也不会像婚前那样想办法哄自己开心。以前他们吵架之后，他至少会先嬉皮笑脸地跑过来当作什么都没发生，但是现在，如果罗琳想要冷战，乔治绝对不会先开口。

这种变化让罗琳觉得心中很不是滋味，却没有什么好的解决办法。她和自己的姐妹小聚的时候偶尔会提起这些事情，不过吉尔与艾妮那个时候都还没有结婚，没办法给出好的建议。

　　罗琳对眼下的生活状态毫无办法，只好把更多的精力都投入到写作上，逐渐增多的手稿让她安心不少。就在罗琳对与他们俩的夫妻关系无计可施的时候，终于有一件天大的好事降临到了她的头上。结婚4周之后，罗琳发现自己已经怀孕3个月了！

　　她第一时间把这个消息告诉了乔治，乔治也显得欣喜若狂，初为人父初为人母的那种喜悦，只有亲身体会了才能明白。因为怀孕的原因，那一段时间，罗琳与乔治的关系缓和了不少，他们的争吵明显减少。虽然乔治还继续扮演着"家里蹲"的角色，但至少在家里会帮着做一些小的家事。罗琳希望他能因为孩子的到来而有所改变，让他们一家人生活得更有安全感。不过，这种想法注定要成为奢望。

　　乔治的新鲜感大约持续了三个星期。第四个星期开始，他似乎对罗琳肚子里的小家伙失去了兴致，夜里照旧跟朋友混迹酒吧聊天喝酒，白天就在家睡觉。罗琳孕前期的反应很厉害，每天早上都要吐得昏天黑地，这导致了她那一阵子脸色奇差。因为孕吐的关系，她完全吃不下任何食物，只能喝点牛奶或果汁。而当她在卫生间狂呕不止的时候，她的丈夫多半都是躺在床上呼呼大睡。

　　几乎每次孕期检查罗琳都是自己去的，有时候她实在太难受了，就会找吉尔或者艾妮陪她去，乔治陪伴同行的次数不超过三次。乔治的这种行为令罗琳感到失望，但是很奇怪，即使再如何失望，罗琳的心中都找不到那种曾经的孤独感，也许这是肚子里的小生命给她带来的巨大安慰。她能够感受到自己即将出生的孩子一直在守护着自己，即使遭遇更多不公平的对待，她也能够勇敢地挺过来，这是孩子带给自己的力量和勇气。

因为孕期反应，罗琳暂时中断了写作计划。没课的时候，她都会在家里听柴可夫斯基的小提琴协奏曲。罗琳听的那张唱片，是乔治过生日的时候罗琳送给他的生日礼物。

每一个人的心中都有一个属于自己的哈姆雷特。同样，同一首乐曲在每个人的心中所代表的意义也不尽相同。尽管那首小提琴协奏曲并非一首叙事长诗，但是在罗琳的心中，那一段音符所记录的就是她一直以来的人生轨迹。她一边听着悠扬的曲调，一边回忆着自己这些年的经历。那些事情仿佛都被嵌在了五线谱上，变成了抽象的声调，再由小提琴与其他乐器共同演奏出来。

她从一个懵懂的学生到一个到处奔波求职的办公室秘书，又从一个国家来到了另一个国家，恋爱，结婚，成为业余作家，成为别人的妻子，直到现在即将成为人母。这些看似简单的语言描述，中间所经历的复杂与痛苦却数不胜数。她从来没给一个孩子当过母亲，但是出于本能，罗琳的心中产生出一种冲动，她知道会用自己的一切去保护这个孩子，不管以后发生多么可怕的事情，她都会照顾好这个孩子，虽然她一直不知道自己是何时何地获得的这份勇猛。如果安妮还在世，罗琳真想打电话问问母亲，当年她怀着自己的时候，是不是也有这样的心情？一边回忆过去，一边憧憬未来。

罗琳的肚子变得越来越大，行动也变得越来越迟缓，不过为了维持生活，她还是坚持到英考特学校上班。她必须趁着自己还能工作的时候多存一些钱，这样在生产的时候她才能安心休养，也能给自己未来的孩子一个相对安稳的生活保障。

乔治在罗琳怀孕期间也算是给予了她一些"照顾"。所谓的"照顾"就是他尽量不跟罗琳动怒吵架，即使生气，也只是采取相对和平的冷战方式。在这几个月里，乔治也出去做过一些工作，不过都没有坚持下来，最短的一次是在一家小型报社做抄写员，他只坚持了一个下午。

孕晚期的罗琳几乎每天晚上都睡不着觉，因为怀孕导致她浑身的每个关节都难受得要命，特别是腰椎与颈椎，越是接近预产期这种表现就越明显。罗琳每天都期盼自己的宝宝能快一些降生到这个世界，她甚至在业余时间把孩子的名字都想好了。如果生的是女孩子，就取名叫杰西卡，这名字来自于她一直以来的偶像杰西卡·密特福德；而如果生下来的是个男孩，罗琳希望能叫他哈利，就跟她小说当中的小男主人公一样。

辛苦地坚持了数月，罗琳终于等到了生产的那一天。

1993 年 6 月 27 号，距离罗琳的生日还有 4 天的时间，她的女儿杰西卡在奥波多的朱莉欧·迪尼斯孕妇疗养院出生了。在这之前，罗琳经历了无比痛苦的分娩过程，历时 7 个小时。当她浑身虚弱地看着身边那个还沾着血迹的小生命的时候，她觉得她的人生好像重新开始了一样，自己之前的那种倔强与顽固都被丢弃在了昨天，她决定为了这个小生命要把自己变得更好。

只可惜，助产护士在外面找了半天，也没有寻到孩子父亲的身影，小杰西卡在没有爸爸的陪伴下孤独降生。

第三节　生病的女儿

　　助产护士寻人未果，只好重新返回产房。然而，当了妈妈的罗琳似乎再也无暇理会乔治的喜怒哀乐，她整个身心都扑在了小杰西卡上。即使刚刚生产之后身体虚弱，她还是挣扎着坐起来抱住这个小小的生命。此时杰西卡的身体已经被医生清洗干净了，显出了红彤彤的皮肤。她的发色有点接近爸爸乔治，但是又不像乔治的发色那么深重，那些头发就像是小绒毛一样，贴在杰西卡的小脑袋瓜儿上。婴儿的眼睛还没有张开，挣扎着不停哭闹，就连脸上的五官都挤在了一起。

　　说实话，刚出生婴儿的表情和书里描写的大相径庭。但是罗琳还是觉得，这个哭闹的小表情是她目前为止见过的最让人感到开心也是最具有魅力的独一无二的表情。

　　医生、护士们七手八脚地把虚弱的罗琳抬上了滚轮床，送回病房休息。放着杰西卡的小婴儿床就在罗琳病床的旁边，她只要一扭头就能看到那个睡得正酣的小家伙。罗琳就那样看着小杰西卡的睡颜，眼神怎么都挪不开，只要看着这个孩子，罗琳觉得自己身体的疼痛与虚弱都会消失无踪。

罗琳从产房出来3个小时之后，乔治才匆忙赶到医院。罗琳能看出来他出门的时候很着急，因为他脚上穿的两只皮鞋居然不是同一个颜色的。罗琳没有责问乔治，为什么在孩子出生这种重大事情上他却要姗姗来迟。乔治的表情不大自然，应该是心中多少也会有些后悔。他对罗琳解释说，他早上睡得太熟了，闹钟响了却没有听到，他睡到自然醒，起床的时候才发现时间已经很晚了，连忙匆匆出门，因此还穿错了鞋子。

罗琳心里很不高兴，她之前被推进产房的时候内心害怕极了，而那个时候，她的丈夫乔治正在家睡大觉，并没有陪在她的身边给她安慰与鼓励。罗琳觉得自己完全被轻视了，丈夫不见得非要为妻子做什么大事，因为多数平凡人的一生恐怕连一件大事都遇不到，但是当妻子需要丈夫的时候，他却没有陪在身边，这种深刻的记忆恐怕一时半会儿都无法抹去。想到这里，再看到乔治现在的窘态，罗琳的内心丝毫不为所动。但是当她低头看向乔治穿的鞋子的时候，还是忍不住笑了出来。看到罗琳的表情，乔治如释重负，他是那么地幼稚，他竟然以为罗琳已经原谅了自己的迟到，就绕到婴儿床那边去看杰西卡，其实罗琳当时真的只是在笑话他那双滑稽透顶的鞋子。

生产之后的罗琳还需要在医院休养一段时间。这些日子里，乔治一直都在很殷勤地照顾着她，这样的话，罗琳就可以有更多的时间为孩子哺乳。杰西卡很能吃，健康状况也良好，很快，医生就表示罗琳可以带着女儿一起出院回家了。

出院那天，罗琳在忙着收拾杰西卡的婴儿用品，结算完住院费用的乔治回到病房之后，脸色显得有些阴沉。罗琳很清楚他在想什么，乔治是觉得钱花得实在是太多了。他拿着行李，罗琳抱着孩子，出门打了一辆出租车回到了家。拥挤的房间、木讷的玛利亚，这个房子里的一切都没有改变，只不过这一次，这个屋子里多了一个天使一样的小生命。

罗琳把杰西卡直接抱进自己的卧室，乔治也拎着行李跟了进去。他一路上都在抱怨，最近的开销实在是太大了，再这么下去，他们的一日三餐都要成问题了，等等。罗琳对于这样的啰嗦听得实在太多了，已经能够做到完全忽略不计。罗琳发自内心地觉得，这个样子的乔治真的连一点最起码的男子汉气概也没有。

在杰西卡将近5个月大的一天，罗琳突然发现她的女儿正在发烧。浑身爆热让婴儿十分难受，杰西卡整整哭闹了一下午，怎么都哄不好，既不吃东西也不喝水。罗琳意识到了问题的严重性，她在产前看过一些关于照顾婴儿的书籍，她担心这么小的女儿会烧坏肺部或者是大脑，毕竟这小东西身体的每个部位都十分脆弱。

乔治与往常一样不知所踪，罗琳只得自己带着杰西卡去医院就诊。一开始，她本以为孩子只是普通的感冒发热，检查结果却显示杰西卡受到了病毒感染，需要住院进行治疗。罗琳也了解过一些关于婴儿病毒感染的相关知识，那些在成年人身上并不十分严重的病毒，如果被带到了婴儿身上就会产生很糟糕的后果，更严重的甚至能够导致婴儿死亡。

罗琳之前存下的积蓄现在已经不多了，但是为了能够把杰西卡的病治好，她立即就办了住院手续。等到所有的账目都计算好了之后，罗琳发现自己的兜儿里已经没有几个钱了。不过目前她还顾不上这些，比起钱的问题，她更关心自己女儿的安危。

小杰西卡在奥波多市内的圣若奥医院住了将近一个月的时间才算是慢慢

痊愈。在这期间，她的小脚趾出现过很严重的感染症状。因为这个小插曲，杰西卡差一点就失去了这根脚趾。不过幸运的是，小杰西卡最终还是靠着自己良好的抵抗力战胜了疾病。

婴儿经常患病并不是一件新鲜事儿，有孩子的家长通常都会有类似的经验。婴儿所患的疾病就像是他们成长过程中必须经历的一些历练，只有顺利通过这些历练的孩子，才能够更加茁壮健康地成长。

不过，这对于罗琳的家庭来说却相当于雪上加霜。自从与罗琳结婚以来，乔治一直都没有什么稳定的正经工作，而他自己对于这种"家里蹲"的生活也习以为常了。他们俩的经济收入基本都来自于罗琳在英考特学校执教所赚取的工资，他们的生活本就拮据，如今又多了杰西卡，经济状况立即变得捉襟见肘。

对于乔治，罗琳在心中暗暗分析了这种心理，然后得出一个结论：脱离社会越久的人越是无法重新走进社会。因为他的心中会有一种胆怯，他不再确定自己是否能够胜任眼前的工作。整日依靠泡在酒吧喝酒来填补生活空虚以及对自我能力判断过高的行为，都恰恰反映了这种人士的自卑心理。

治好了杰西卡的病，罗琳的存款账单也见了底。她很想立即就回到学校开始工作，这样她的女儿就不至于挨饿。不过杰西卡实在是太小了，罗琳根本不可能在自己工作的时候把孩子留在家里，更不可能把孩子带到学校。

经过几番前思后想，罗琳的心中拿定了主意。她决定找乔治好好谈谈，她希望能够劝说他出去找一份像样的工作，就算暂时没有太像样的工作可供挑选，乔治还是可以去做一些临时工，这样他们就有足够多的钱来养家糊口。

这时候罗琳还不清楚，正是这一个小小的建议，她与乔治婚姻中最大规模的争吵即将拉开序幕。

第四节　争吵与家暴

罗琳带着女儿从医院回到家，她发现乔治竟然破天荒地没有出门。他斜倚在床头，就那么双眼发直地看着前方。罗琳转念一想，乔治之所以不出门，也许真的是因为手头没有什么钱了。

罗琳把杰西卡安顿在她的婴儿床上。小家伙经过一路颠簸，现在已经睡熟了，偶尔抓一下小手，不知道是在做着什么美梦。

"你有没有吃晚饭？"

罗琳轻声地问乔治，她怕讲话声音太大，吵醒了杰西卡。不过乔治没有回答，还是在那边直勾勾地看着虚空处。罗琳转过头去看，不知道那个人的脑子里到底在想什么。她在想，莫非乔治也生病了？于是走过去伸手试了试他的前额，没有发热现象。

乔治皱起眉头，不耐烦地抬手在眼前扇了几下，表示不愿意让罗琳碰他，之后，竟然还长长地叹了口气。罗琳厌倦透了乔治这种样子，但是她的心中已经打定主意，要养活这个家，还要养好自己的女儿，光靠一个人的力量是不够的。于是，罗琳开动了十二分的耐心，装作没有看到刚才乔治的反应，继续问道："乔治，亲爱的，杰西卡的病情已经没有问题了，她现在身体很好，很健康。真希望她以后能够健健康康地长大……"

还没等到罗琳说完，乔治就插口说道："你说得没错，乔安娜，杰西卡真的不能再生病了。我觉得你很有必要看看咱们家的存款余额，这样你就会知道我为什么会在这个时间坐在这个地方摆出这样一个愚蠢的表情。"

听到乔治这么说，罗琳的心中竟然还出现了一丝宽慰，因为她一直都在琢磨怎么把日常的话题转换到自己的家庭收入上，没想到乔治竟然自己先提了出来。只要提到这个问题，乔治肯定会生气，罗琳在心中暗想，不过就算是他生气，这个问题也必须要找个时机解决，而且他们也没有时间再等下去了。作为身体健全的两个成年人，怎么说也不应该带着自己未成年的孩子一起饿肚子。

"我想回到英考特继续教书，这个问题我已经琢磨好几天了，但是杰西卡还小，需要人照顾，我想也许你可以帮帮我。"

罗琳尽量说得隐晦婉转一些，因为她担心会伤害到乔治那脆弱的自尊心与神经，她不想在事情还没有解决之前在无聊的话题上浪费唇舌。罗琳话音刚落，乔治就一下子从床上坐直了身子，那架势把罗琳吓了一跳。

"我没有帮你吗，乔安娜？！我之前做过多少工作，难道你没看到吗？可是完全没有适合我去做的事情，我也很苦恼！如果你有好的建议可以说出来，如果你只是想找机会指责我的无能，你最好马上就闭上嘴，别再提了！"

罗琳的心又揪了起来，这个人怎么就这么难以沟通？

"乔治，我没有责怪你的意思。我看到存款余额了，我也知道我们目前面临的困难。现在我们已经有一个女儿了，我们必须多想想办法赚钱，至少给她一个无忧无虑的生活环境。"

"哦，得了吧！"乔治又打断了罗琳的话，"只是杰西卡一个人的花销就几乎可以顶上我们两个人的日常消费，要是知道会变成这样，我们干吗不晚几年生孩子？"

罗琳简直不敢相信自己的耳朵，杰西卡的出生对自己来说简直就相当于重获第二次生命，而乔治的意思竟然是后悔生下这个女儿？

"乔治！你最好不要乱说话！杰西卡如果知道你这么想她，她会多伤心！难道你不清楚吗？"

"有什么不能说的！那孩子现在还只知道吃和睡！你真的当我是傻瓜吗？你的脑子是不是因为写那些鞋盒子里的东西坏掉了！我现在的一切事情都非常不顺利，为什么你就不能理解我一下，总是要语带讽刺！"乔治针锋相对。

"我什么时候讽刺过你！哦，上帝，看在上帝的份儿上，你讲话的声音小一点，你会把杰西卡吵醒的。"罗琳想妥协，这种无意义的争吵根本不会解决任何问题，早知道又是这样，她还不如直接上床睡觉。

"这种事情还需要明确说明？"乔治突然笑了起来，声音很大，表情却很怪异，那边小床上的杰西卡开始烦躁地扭动身体，"我现在需要靠你养活，乔安娜！你心里想什么，你比我更清楚！"

"我没那么想过！也没要求过什么！我只是希望你能帮我分担！"罗琳终于忍不住了，她也喊叫了出来。杰西卡在这一声喊叫之后，彻底哭了起来。罗琳起身想要走过去抱起她，结果，意想不到的事情发生了。

乔治突然像屁股下面装了弹簧一样，突然从床上站了起来，一步就跨到了罗琳身边，他用力抓住罗琳的胳膊，不许她去杰西卡那边。

"你叫她先哭一会儿！咱们的问题还没解决！你到底对我有多不满意，不妨今天都说出来！"

杰西卡哭得撕心裂肺，罗琳心疼得要命。她试图挣脱乔治的手，怎奈那手的力气实在太大了，无论怎么努力都无法撼动分毫。

"说什么？说我对你的懒惰与臭脾气厌恶至极?！你发什么疯！快放开我！"罗琳喊着，可这样的行为进一步激怒了乔治，他抓住她的肩膀拼命地摇晃，罗琳甚至无法保持身体平衡，一下子就摔倒在了地上。她的肩膀跟手臂都被乔治的大手抓得生疼，不过内心的暴怒却比这疼痛来得更加猛烈。

"乔治！看在上帝的份儿上！你从前不是这个样子的！为什么你不能冷静一点跟我说话，想想以前！"

可是，乔治现在什么都听不进去，他一直都无法好好控制自己的情绪，一旦发泄出来，就完全控制不住。而现在，他想要把自己全部的负面情绪都发泄在罗琳的身上。他开始扔东西，把房间里一切能拿到手的东西都朝罗琳身上扔。罗琳被推倒在地，被摔得浑身都是疼的。她本想站起来去抱住杰西卡，结果还没等有所动作，身上就立即被很多东西砸中。有枕头也有靠垫，甚至还有放在床头柜上的台灯。她的手背破了好几块地方，头发也散了，腿上青一块紫一块的。她不敢过去杰西卡那边，她担心乔治会不小心把东西扔到杰西卡的头上，只能保持一个护住头脸的姿势坐在地板上，尽力躲避这乔治疯狂的发泄。

罗琳原本打算等乔治扔够了，火气也发泄得差不多了，她再站起身带着杰西卡离开这所房子，以后不管住在哪儿，她都不想再回到这个家。在这件事情以前，罗琳不管遇到什么问题，都从来没有设想过眼下这种情况，自己竟然遭到了家庭暴力?！

这样的男人简直不可理喻！

罗琳坐在那里，一直保持着半低头的姿势，她看不到乔治的表情。扔东西的行为终于停止了，她刚抬头打算看看乔治是否冷静下来了，却看到乔治那双暴怒的眼睛正在瞪着自己，还没等反应过来，罗琳就被乔治单手从地上拎起来，拖出了卧室。乔治的个子虽然不高，但是身体很结实有力，罗琳在他面前根本没有反抗能力，就这样她一直被拎到大门口。乔治一把推开大门，像扔垃圾一样把罗琳扔出了门外。

这是 1993 年的 11 月 17 日，罗琳只穿着单薄的衣服，没有外套，没有钱，没有身份证明，她穿着拖鞋，披头散发地被扔出了自己家的大门。

第九章　黑暗时光

——移居爱丁堡的日子

罗琳再也无法忍受乔治的暴力与懒惰，所以带着女儿离家出走。她返回英国，却发现父亲已经跟别的女人再婚，并且搬到了别的地方居住。心灰意冷的罗琳只好投奔了妹妹黛安娜，妹妹的收留与安抚让她的内心感受到了温暖。即使如此，接连的打击还是让罗琳的内心发生了不寻常的变化。

第一节　扫地出门

　　在罗琳被拎着扔出大门的时候，她听到屋子里小杰西卡撕心裂肺的哭声。她拼命挣扎着想要冲进去抱出自己的孩子，就算是离开这个家、离开葡萄牙，她也会带着杰西卡一同离开。只不过暴怒的乔治不可能给她这个机会，他用力地关上大门，罗琳听到大门被从里面锁住的声音。

　　罗琳拼命地砸门，已经完全不理会那巨大的声音是否会引来周围邻居异样的目光，但是那扇门始终没有再打开。她坐在大门口冰冷的地面上哭喊了好一阵子，她担心乔治会迁怒于自己的孩子，她害怕乔治会伤害她的女儿。那种恐惧感给她留下了十分深刻的印象，在这件事之后的很长一段时间里，罗琳完全无法忍受杰西卡从自己视线里消失，哪怕超过 10 分钟，直到后来杰西卡渐渐长大，这种焦虑才逐渐恢复。

　　现在已经是 11 月份了，天气有点冷，衣着单薄的罗琳渐渐抵御不住凉风的侵袭，加上情绪激动，她浑身都开始打哆嗦。罗琳很清楚，自己今天无论怎样砸门，乔治都不会把门打开。于是她扶着门把手支撑着自己慢慢站起身，走到了街区的小路上。黯淡的路灯已经亮了起来，推算一下时间，现在大概是在 8：30 左右。罗琳掏了掏自己的衣兜，没有带钱。其实不止没带钱，罗琳浑身上下除了一身单薄的衣服与一双拖鞋之外，可以说什么都没带出来。

罗琳把散乱的头发进行了简单的整理，平复了一下情绪，尽量使自己看起来与平时没有太大的差别。只不过自己这一身行头，再加上手上的伤痕，实在很没有说服力。她现在急需他人的帮助，她想到了自己的两个好朋友——吉尔与艾妮。

罗琳硬着头皮，装出若无其事的样子敲开了邻居家的门。她刚刚与乔治的激烈争吵相信这家人早都已经听到了，这家的女主人用担心又紧张的眼神看着她。

"真抱歉夫人，我能不能借用一下你们家的电话？"罗琳的语气听上去很轻松，似乎刚刚那些争吵只是一场平平常常的小误会。

那家的女主人连忙说没问题，就把罗琳让进了屋子。罗琳来到起居室，给吉尔和艾妮居住的公寓打了电话。电话是另外一个室友接听的，她说吉尔与艾妮今晚都去上课了，9 点之后才会回家。挂上电话，罗琳打算就此离开，因为那位女主人欲言又止的样子叫罗琳感到有些为难。不过，女主人并没有问什么八卦问题，只是问罗琳是否需要一件外套。来自陌生人的关怀触动了罗琳脆弱的伪装，罗琳觉得自己的神经马上就快要崩溃了，她强忍着眼泪，拒绝了女主人的好意，说她的朋友很快就会来接她。不过女主人还是拿出了一件看上去有点旧的肥大夹克衫外套递给了罗琳。

葡萄牙夜晚的街道很漂亮，街边的商铺灯火通明。这里并非伦敦那种国际大都市，但是依然有着自己独特的城市风貌。罗琳穿着拖鞋，披着一件不合身材的夹克衫，朝着吉尔和艾妮的公寓方向走去。身边的人都说着异国语言，这一刻，她的内心感到无比苍凉，刚到奥波多时的那种美好感觉在此时已然荡然无存。她硬是在夜风中独自行走了一个半小时，终于抵达了吉尔与艾妮的公寓。当艾妮打开大门，看到狼狈不堪的罗琳时，她简直惊讶得不知道该说什么才好。

人在盛怒到一定程度之后，反而会变得平静无比。其实这并不是真正的冷静，而是暴风雨来临之前的平静。当他见到真正能让自己放松下来的人的时候，情绪就会犹如决堤的洪水一般，完全不受控制地宣泄出来。

罗琳看到艾妮之后，就再也压抑不住自己内心的悲伤，她无助地抱住艾妮的肩膀，呜呜地哭了起来。

那一晚，罗琳就住在了吉尔与艾妮的公寓里。她们三个在艾妮的房间里聊到了很晚，罗琳把自己与乔治婚后的生活状态全都说给了两个好朋友听。吉尔性格比较成熟，表现得还算平静。艾妮的个性则比较单纯，她的眼睛一直瞪得大大的，简直无法相信罗琳所说的一切，她完全无法理解，这个一直都看上去平平常常的朋友，竟然会在家里受到自己亲密爱人的如此对待！吉尔问罗琳关于今后的打算，罗琳摇头不语。她知道，自己与乔治的婚姻已经走到了尽头，不管承认与否，她有过一段失败婚姻的事情已经成为了无法扭转的事实，但是无论如何，她都要将杰西卡争取过来，她要好好照顾这个无辜的孩子，绝对不能抛下她不管。

罗琳在说到杰西卡的时候，又一次抽泣起来。吉尔抚摸着罗琳的肩膀安慰她。最后，她们拿定了主意，明天一早，她们就一起去乔治的家，她们会带着警察，无论如何都必须把孩子要回来，还要把罗琳的行李也带出来。做好了决定，吉尔起身去起居室里给警察局拨打求助电话，艾妮则收拾了一下床铺，把这个悲痛欲绝的女人安排在自己的房间里暂住。

第二天，她们三个起了个大早，在两名街区警察的陪同下来到乔治家的大门前。她上前敲门，敲了半天，才看到乔治睡眼惺忪地来开门。昨晚上的经历让罗琳有种不真实感，她一夜都没睡踏实，现在看到乔治这个样子，火气忍不住又要升上来。她尽量压住情绪，言辞郑重地要求乔治把女儿还给她，跟乔治在一起，杰西卡根本无法获得很好的监护。

刚看到罗琳的时候，乔治肯定还没有睡醒。他居然迷迷糊糊地问罗琳，为什么她会出现在大门外面。过了足足有一分多钟的时间，这个昏头涨脑的男人才记起来昨晚上他们吵架的事情，他还想起自己对罗琳动手施暴的事情。看到罗琳身后站着两位警察，还有罗琳的两个朋友，她们此刻正在用一种鄙夷的眼神看着自己，他不禁有些心虚。

他们的行为引起了旁人的注意，早上去上班的邻居走到乔治大门口的时候都忍不住驻足观看，都想知道到底发生了什么事情。昨晚上帮助过罗琳的那位女邻居也在其中，她走过去的时候，正好听到罗琳在对警察说明自己昨晚上遭到了丈夫的粗暴对待的事情，现在她希望能够把孩子从这个家带出来，因为乔治喜怒无常，她担心自己的孩子在这里会受到伤害。乔治对于这样的控诉自然是不愿承认，他解释说，自己只是心情不好，他们仅仅是大吵了一架，但是自己没有做什么过分粗鲁的事情。

由于罗琳与乔治是合法婚姻关系，所以警察也没有办法强制要求乔治交出孩子。

双方正自僵持不下，那个女邻居突然说话了："警察先生，这位女士昨晚曾到过我家，她想借用我家的电话。虽然我并不知道他们到底发生了什么，但是这位女士的样子看上去很无助，我看到她的衣服很单薄，脚上只穿着拖鞋，头发很乱，手背上好像也有伤痕。”

这位女邻居的声音并不大，但这一番话还是起到了很大的作用。围观的人们开始窃窃私语，他们向乔治投射过去的目光看上去都不怎么友好。出于无奈，乔治只好打开大门放他们进去。罗琳迅速跑进卧室去看杰西卡，小家伙睡得很不好，罗琳刚走到她身边，杰西卡就哭了起来。罗琳抱起杰西卡，一刻都不愿意放开，她的行李是吉尔与艾妮帮忙收拾好的。

拿到东西之后，她们一刻都不耽搁，迅速离开了乔治的家。在艾妮的一个朋友的帮助下，罗琳找到了一个小公寓，那里的租金比较便宜，条件也还不错。她带着女儿暂时在那里落脚。吉尔问罗琳今后如何打算，是否还要去英考特继续执教，这样她就会有足够的收入来养活杰西卡。

不过罗琳对于在葡萄牙这段不堪回首的经历感到疲惫异常，她对吉尔说，自己还没有考虑好，但是她也许会离开葡萄牙，先回国住一段时间。虽然她们即将分别，但是吉尔与艾妮都十分理解罗琳此刻的感受。

两周后，罗琳收拾好行李，准备带着杰西卡回英格兰。她在临行前又一次去了乔治居住的那个街区，当然她并不是去跟乔治说再见，她是去看望那位帮助过她的女邻居。罗琳对很郑重地向那位女士表达了感谢，并把那件已经洗干净的旧夹克衫外套还给了她。

第二节　单身妈妈与新婚夫妇

　　回到英格兰只是罗琳的一个想法，这个想法根本谈不上是一个计划。因为她完全没有想到，自己在回到英格兰之后能去哪儿或者是做些什么。以前她只是一个人漂泊，如今，她还带着自己的女儿，饥寒交迫的日子即使自己可以忍受，她也绝对没办法做到叫女儿也跟着自己一起受苦。

　　在回来的路上，罗琳的脑中一直盘算着自己与杰西卡的未来。她想到了独自生活的父亲，虽然回到教堂小屋会让她再次记起失去母亲的痛苦，但是比起自己的痛苦，还是杰西卡的生活保障更重要。她坐车来到了塔茨希尔，下车之后给家里打了电话，但是电话却没有打通。于是，罗琳只好带着杰西卡直接前往教堂小屋。等到了那里之后，罗琳傻了眼。因为屋子大门紧锁，房间里黑乎乎的，看样子已经有一段时间没人居住了。

　　罗琳抱着女儿，拖着行李敲开旁边的几家邻居的大门询问，这才知道原来彼得在今年年初，也就是 1993 年 4 月的一天与一个名叫珍妮特的女人再婚了。他们在塔茨希尔的一家小教堂里举行了简单的婚礼，之后就一同搬到了查普斯托的新家居住。那所房子就在距离教堂小屋大概两英里远的地方。

听到这个消息的罗琳感到有些绝望，安妮去世还不到两年，自己的父亲竟然这么快就与别的女人再婚，还搬了家。想起小时候彼得给自己和妹妹讲述他与安妮的恋爱史，那时父亲兴高采烈的样子直到今天罗琳仍旧记忆犹新，她对父亲感到有些失望。当初彼此相爱的誓言现在看来竟然是如此地不堪一击。她又忍不住联想到了自己的遭遇，那一瞬间，罗琳觉得自己活着简直就像一个冷笑话。

而那个与父亲再婚的女人叫珍妮特，这个名字罗琳很熟悉，因为她之前就总是会听到彼得提起这个人。罗琳记得彼得还曾说过，珍妮特曾经帮助过彼得照顾安妮，这个女人好像是彼得的秘书。在罗琳操办完母亲丧礼之后，她和妹妹曾在教堂小屋住过几天，在罗琳即将返回曼彻斯特的最后一天晚上，她还听到父亲跟这个女人亲密地聊着电话。

在邻居的描述中，罗琳听出了一些端倪。邻居们似乎知道，在安妮去世不久之后，彼得与珍妮特之间的交往变得愈加频繁亲密，果然不出几日，他们就结了婚。邻居们甚至听说，这个比彼得小了 8 岁的女人为了能够与自己所爱的男人长相厮守，甚至不惜抛弃住在布里斯托尔的丈夫与两个儿子。

这些流言蜚语让罗琳头疼起来，她觉得心里沉甸甸的，好像坠着一枚铅块。她在路边的长椅上休息了一下，然后去街区的便利店要了一些热水喂杰西卡喝。她本打算到教堂小屋跟父亲生活一段时间，自己再找一份工作，至少先让生活安稳下来。而且，她也希望父亲能够看看这个素未谋面的外孙女，母亲去世之后，父亲的生活一定十分孤独，小杰西卡也许能给他带去生活乐趣。可现在看来，这些想法实在是有些自作多情。

罗琳询问的那几位邻居中，有一个老人与彼得的关系比较亲密，罗琳也认识这位老人。老人给罗琳写了一张字条，上面是彼得目前居住的地址。罗琳看着那张字迹潦草的纸条，叹了口气，扔进了路边的垃圾箱。她打算先与妹妹黛安娜取得联系，看看妹妹那边是否能够帮自己找个落脚的地方。

罗琳先是买了一束花，把不太重要的行李寄存在街边的便利店里，就带着杰西卡去了墓地。她把花束放在安妮的墓碑前，静静地站了好久。直到杰西卡因为饥饿而开始哭闹，她才离开。当天晚上，罗琳乘车回到塔茨希尔镇上，在火车站附近找了一家便宜的小旅馆安顿下来。杰西卡很饿，路上一直哭闹不止。罗琳连忙为她准备好奶粉，这时，她的钱已经不多了。

杰西卡睡着之后，罗琳跑到小旅馆一楼的服务台那里给妹妹黛安娜打了一通电话。她很庆幸自己还一直保留着黛安娜的联系方式，如果此时她找不到黛安娜，她一定会被那种绝望生生击垮。

自从教堂小屋一别之后，黛安娜就一直生活在爱丁堡。她们姐妹俩在最初的时候还经常联系，后来罗琳去了葡萄牙，结了婚，有了自己的孩子，她们的联系就逐渐变少了。接到罗琳的电话，黛安娜显得十分惊讶，同时也感到很高兴。在电话里，罗琳并没有详细诉说自己最近的遭遇，只是说她回国了，要在这边待上一段时间。黛安娜热情地欢迎姐姐的到来，特别是她听说还能见到自己的小外甥女的时候，更是高兴得不得了。罗琳决定明天就动身前往爱丁堡，于是她们在电话里约定了大致的时间。

挂了电话，罗琳匆匆跑回楼上的小单间，她神经质地打开房门锁头，看到杰西卡正好好地睡在床上，她的心才放了下来。罗琳担心孩子在睡梦中会不小心滚到地板上，就用所有的衣物围成一个圈儿，小杰西卡正好可以安全地睡在那些障碍物的环绕之中。罗琳看了下手表，电话打了大约7分钟。

看着杰西卡的睡脸，罗琳的心中感到无比平静。她慢慢地坐在床上，在昏暗的光线里看着那个熟睡中的小天使。她下定决心，不管眼下的困境还会持续多久，她都不会放弃这个孩子，她要尽自己所能来给她幸福，哪怕要她重新面对双语秘书那种糟糕透顶的工作，她也愿意去做。

行李散乱地扔在沙发上，罗琳看到了那个熟悉的鞋盒。那是从阿尔伯特家的地下室找到的鞋盒，里面放着罗琳全部的心血与希望。在罗琳的生活最艰难的这一段时间里，能够带给她安慰的只有两件东西，一个是杰西卡，一个就是盒子中的"哈利·波特"手稿。

第二天，罗琳带着杰西卡踏上了前往爱丁堡的旅程。她们几经辗转，终于到达了黛安娜位于爱丁堡的家。由于旅途劳顿，杰西卡有点小感冒，而罗琳口袋里剩下的钱，只够再给杰西卡买一罐奶粉。

黛安娜与她的未婚夫罗杰住在位于爱丁堡马奇蒙特路的一间小公寓里，内有三间小卧室外加一间起居室。空间很局促，但是采光却很好。起居室一整天都充满了灿烂的阳光，不会让人感到压抑。黛安娜与罗杰热情地欢迎罗琳与孩子的到来，他们收拾出一个房间供罗琳和杰西卡居住。对于妹妹，罗琳觉得有些过意不去，不过她眼下实在没有其他更好的办法。

黛安娜之所以十分欢迎罗琳的到来，还有一个原因是她就要与罗杰登记结婚了，她很希望姐姐能来参加他们的小型婚礼派对，并给予他们新婚的祝福。罗杰为人很随和，并不介意罗琳带着孩子来给他们添麻烦，他希望罗琳跟杰西卡能一直住下去，因为他跟黛安娜都很喜欢孩子。

罗琳抵达爱丁堡一周之后，黛安娜与罗杰在圣安德鲁登记处登记结为夫妇。为了节省花销，他们在当地的一个小酒馆里举行了一个小型派对，只邀请了几个关系亲密的朋友参加。黛安娜与罗杰的婚后生活十分幸福，这一点让婚姻失败的罗琳羡慕无比。她一边祝福着妹妹，一边在内心慨叹着自己的不幸。

不过，罗琳眼下的经济危机来得更重要一些。她没有工作，没有收入，还带着一个 6 个月大的婴儿，在现实的种种逼迫下，即使内心再骄傲的人也只能低着头谋求生存。为了不给妹妹与妹夫带来更大的生活负担，罗琳开始在心中盘算未来的生活，以及是否要向政府申领救济金。

第三节　103.5 美元

　　罗琳刚到爱丁堡妹妹家的时候，她全部的积蓄早已所剩无几。她这些年并没有什么存款，大多数的钱也都贴补家用了。后来她一直在家照顾杰西卡，根本没有出去工作，更别提收入了。刚到黛安娜家里的时候，她根本不愿意跟妹妹提起这件事情，作为姐姐，不能照顾妹妹的生活，如今还要指望妹妹的庇护与经济帮助，她觉得这实在太让人羞愧了。

　　不过，当罗琳花掉最后的积蓄给杰西卡买了奶粉之后，她不得不去跟黛安娜借钱度日。黛安娜很快就把钱拿给了罗琳，因为她知道姐姐从小就有着自己的骄傲，性格也很独立，不到万不得已，罗琳是绝对不会跟自己开口借钱的。罗琳突然回到英国，还带着不满周岁的孩子，黛安娜几乎可以猜到姐姐最近到底经历了什么。

　　经过一番激烈的思想斗争，罗琳最终还是将自己的遭遇告诉了黛安娜。罗琳说，她其实本来不愿意麻烦妹妹与妹夫，她先是去找了父亲彼得，想暂时在教堂小屋落脚，等找到稳定的工作、有稳定的收入之后再搬出去。可是等她带着杰西卡一路辗转到了塔茨希尔之后，她却发现父亲已经再婚并且搬走了。罗琳对妹妹坦言，这件事情让她一直耿耿于怀，她甚至开始怀疑自己的父亲是不是真的爱过自己的妻子，毕竟距离母亲去世还不到两年。

听罗琳说完，黛安娜的心里也很难受，她对姐姐这些年的不幸遭遇感慨万千。虽然黛安娜跟之前的男友也以分手告终，但两人是和平分手，她没有经历过如此令人纠结的生活。而现任丈夫罗杰的为人，更是连罗琳都十分看好的。

当罗琳提起父亲彼得的事情的时候，黛安娜的眼神也黯淡了下来。关于这个消息，她比罗琳知道得要早一些。因为黛安娜在今年新年的时候曾经回去过一次教堂小屋看望彼得，那时候，彼得已经开始计划与珍妮特结婚了。彼得还很隐晦地表示，希望黛安娜跟罗杰也来参加婚礼。然而，黛安娜觉得自己一时间很难接受这件事情，更没法面对突然多出来的家庭成员。她只好装作没听明白父亲的意思，于是这事情最终不了了之。

罗琳觉得自己没法认同妹妹的想法，她一方面无法接受父亲的这种做法，更多的则是无法忍受一个陌生的女人突然冒出来取代母亲曾经的地位，在她们姐妹俩还没有从失去母亲的悲伤中恢复过来的时候，父亲的这种做法无疑是对她们俩的再一次伤害。

彼得再婚的事情，令罗琳姐妹心怀芥蒂了很多年。不过随着罗琳年纪的不断增长，她也逐渐接受了父亲的再婚。她成名以后，仍旧不愿意在公开场合谈论这件事情，就算有人单刀直入地问起，她也会想尽办法回避这个问题。家庭成员之间的隔阂，是没法向外人解释清楚的。毕竟血浓于水，有些事情注定需要借助很长的时间来抚平创伤。

黛安娜很珍惜家庭成员之间的感情，越是如此内心就越无法接受父亲再婚。不过，她安慰姐姐不要心急，在罗琳没有稳定的生活来源之前，她可以一直住在这里，不要有任何担忧。虽然黛安娜再三保证，她跟罗杰从来没有拿罗琳母女当成累赘，罗琳还是觉得不妥。一个离家出走又带着婴儿的单身母亲与一对新婚夫妇挤在一间小公寓里，总不是长久之计。

罗琳想到了政府救济金。她是单身母亲，而且没有稳定的工作与经济来源，申领救济金是十分符合条件的。这样一来，她不仅能够解决眼下的困境，还能租一间小屋子，带着杰西卡从黛安娜的公寓中搬出去独立生活。可是，那种依靠政府救济金生活的人，在罗琳的眼中，相当于不需要做任何事情就拿走别人的钱来维持自己的生活，与其这样，她宁愿选择暂时麻烦妹妹和妹夫。

罗琳有大学学历，也有不少工作经验，还是一位业余作家，她根本没办法放下自己心中的那份骄傲去向政府要钱。她只有 28 岁，是个年轻的女人，她不希望有人在她拿走救济金之后对着她的背影指指点点，说她年纪轻轻却不劳而获。这个决心对于罗琳来说是十分难下的，但是这种生活每延续一天，罗琳心中的压力就会增加一分。

很快，黛安娜给罗琳的钱就用完了。杰西卡还是个幼小的婴儿，要花钱的地方有很多，开销很大。罗琳不好意思再跟妹妹张口，只好给中学时代的好友谢安·哈里斯打去了电话。那个曾经开着蓝色福特汽车的朋克男孩，现在是一家汽车修理厂的助理工程师，罗琳这些年一直与谢安保持着联系。当谢安听说罗琳要朝他借钱的时候，他立即在电话中笑嘻嘻地回答了一句话："这个可以有。"那是谢安中学时代的口头禅，罗琳感觉心头一热，一种来自旧时伙伴的安全感与信任感瞬间充满了全身。

　　谢安了解罗琳的骄傲与倔强，他没有问任何关于借钱的原因，只是问了罗琳账户的号码。很快，罗琳收到了这笔钱，她和杰西卡的生活暂时有了一些保障。罗琳计算了一下，这些钱大概只够支撑半个月的开销。过了半个月之后，她还能开口去跟谁借钱？难道是吉尔或者艾妮？

　　罗琳不愿意向政府求助的原因还有一点。1993 年，时任英国首相的约翰·梅杰在一次保守党会议上发表了一段讲话，其中提到了当前英国的年轻人对社会问题所产生的影响。梅杰在这段谈话中严厉批评了年轻的单身母亲，他认为，这些单身母亲是造成社会不良影响的一个重要因素。这段话给罗琳留下了极深刻的印象，这让她觉得自己好像是一条社会的蛀虫。在她拼命压制自己的自卑感、为自己树立信心打算与女儿一同努力生活下去的时候，却被这通发言狠狠地泼了冷水。

　　现实总是十分残酷的。尽管罗琳一再坚持不向政府求助，她的情况却丝毫没有好转。谢安那笔原本计划能够支撑半个月的钱，由于杰西卡的一次感冒而提前用光。罗琳甚至没有时间考虑一下半个月之后怎么办，就提前进入了赤贫状态。她觉得这一切一定是上帝在跟她开玩笑，不然为什么这些事情总是接踵而至地发生在自己身上？

　　走投无路的罗琳只好向政府申请救济金。她至今还记得那天的经历，当她抱着杰西卡一脸疲惫、头发散乱地来到政府办事窗口时，那个为她办理手续的年轻姑娘看她的眼神使罗琳觉得犹如芒刺在背，那种说不清是同情还是无奈的眼神让罗琳无法抬头去确认。拿好申领书之后的罗琳，像逃命一样迅速离开了办事大厅。

　　尽管有这一段并不愉快的经历，罗琳还是少有地感到一丝安心，她与杰西卡的生活至少有了一些保障。申领成功之后，罗琳每个星期都能领取一笔103.5美元的救济金。这笔钱虽然买不了什么东西，但起码罗琳不用再跟亲人朋友借钱度日了。她先是租了一间单卧室的毛坯房公寓，那里距离黛安娜的公寓并不远。虽然条件简陋，但是整体看上去还不错，罗琳觉得十分满意。她很快就收拾好本就不多的行李，带着杰西卡搬到了那里。

　　罗琳跟女儿在那间简陋的毛坯房里居住了半年之久，在那里，罗琳完成了《哈利·波特与魔法石》的全部手稿。在罗琳成名之后，这个毛坯房也随之声名鹊起，因为它无声地见证了罗琳与杰西卡那一段依靠救济金生存的艰难人生。当然，这些都是后话，在罗琳搬进那间房间的时候，她的心中只有对前路的迷茫。

第四节　可怕的心理问题

在毛坯房里安稳下来的罗琳，心中并没有因此而减少一丝压抑。她对未来的生活依旧充满了迷茫与不安。她总是在心里鼓励自己说，这种不能再倒霉的日子很快就会结束了。但是每当昨天的生活又重复一遍之后，她的信心就会受到更加严重的打击。

在离开妹妹与妹夫独自生活之后，罗琳开始出现一些奇怪的变化。她变得沉默寡言，内心总是忍不住悲观。即使只是坐在那里发呆，也会立即流出眼泪，从而演变成号啕大哭。那时候，能够给予罗琳安慰的，只有杰西卡的笑容。在那之后的很长一段时间里，罗琳只有在领取救济金的时候才出门一次，她抱着杰西卡，取完钱之后再去一趟便利商店，把一周需要用的东西都买回来，之后就不再出门半步。就算是有万不得已的事情需要她出门，她也总是低着头走路，不跟任何人打招呼或者是交流。那时候的罗琳，眼睛看不到任何光芒与色彩，每天只是犹如行尸走肉一般地活着。

罗琳依靠着杰西卡天使般的笑容度过绝望的每一天。她总是忍不住回忆过去，但是她却发现，曾经那些令人感到温暖的美好回忆，如今都没法带给她任何幸福感。她总是抑制不住自己的情绪，去想那些令她更加悲伤的事情，比如母亲去世，比如父亲再婚，比如自己的遭遇以及眼下的经济危机。这种悲哀的情绪就像放电影一样，在她的大脑里一遍一遍地重复，她怎么努力都没法令这种重复停止下来，她觉得自己已经被这个世界抛弃了。这种感觉让她觉得十分害怕，她担心自己是不是疯了，会不会在第二天早上醒来之后就失去了理智，疯疯癫癫地跑到大街上，从此再也不知去向。而她可怜的小女儿最终只有饿死在这个简陋的房间里，直到尸体发臭了才会被邻居发现。

这种担心无时无刻不在折磨着罗琳的神经，她就像一只受惊的兔子，每天都活在生存压力的笼罩之下。她每天面对的人只有杰西卡，她渴望倾诉，又没办法放下自己的自尊与骄傲。她也不愿意去找黛安娜，因为黛安娜幸福又平淡的生活让她觉得无比耀眼，反观自己的颓丧，这只能令她对生活更加泄气。她整日把自己关在屋子里，头脑里乱成一锅粥，没有完成的写作也根本进行不下去。在杰西卡睡熟的半夜，罗琳靠在床头难以成眠，她甚至想到如果哪天自己出意外死掉，这种没有尽头的绝望就可以结束了，自己也会因此变得轻松。

这种想法叫她觉得对不起女儿杰西卡，罗琳带她来到这个世界上，却让杰西卡一直跟着自己过颠沛流离的生活。然后罗琳会开始哭，有时甚至会一直哭到天亮。她的体重下降得厉害，对什么都没有食欲，这一点倒是叫罗琳感到有点高兴，因为这样的话，她就可以省下一些伙食费。

那是罗琳人生里最黑暗的一段时光，那种绝望的心情已经快要把她逼上死路。她试图改变，却完全没有动力，她觉得自己仿佛已经掉进了一个黑暗的漩涡当中，手中没有任何救命稻草，她只能随着那漩涡的巨大吸力不断沉沦，直到那漆黑的水将自己的头顶淹没。

这样的日子不知道持续了多久。有一天，闲来无事的罗琳在自己的旧书堆里翻到了一本有关心理学的著作。那是当时一位心理学权威人士的著作，主要是帮助读者进行一些心理问题的自我诊断。罗琳曾在上大学的某一段时间里疯狂痴迷心理学的研究，于是就买了这本书。她信手翻来，书中一段关于抑郁症状的描写吸引了她的注意力。

罗琳哆嗦着读完了书中的这一章节，心情低落，对任何事情都提不起兴趣，强烈的自卑心理，严重者还会想到自杀。书中的这些句子像芒刺一样，看得罗琳眼睛都有点发疼。她扔下书本，急急忙忙跑到卫生间的镜子那里去照，发现在不知不觉间，自己竟然变成了一个形容枯槁、没有任何活力的女人。镜子中的罗琳头发没有光泽，眼神散乱，巨大的黑眼圈很吓人，眼袋也下垂着，她对着镜子里的自己倒抽了一口冷气。她又跑回房间，继续读那本书的后面内容："抑郁情节分轻重等级，轻微抑郁情节可以依靠自身的调节来缓解，多与外界解除，多与人沟通，多进行有氧锻炼……"

罗琳觉得自己没必要再读下去了，她看着床上正盯着自己笑的杰西卡，一种愧疚感瞬间涌上心头。她不敢相信自己竟然会自怨自艾到这种程度！她一直希望能够好好照顾杰西卡，给她幸福，现在她却把这个孩子跟自己一起关在这毛坯房里，每天依靠救济金绝望度日。

再这样下去，什么都改变不了。

罗琳的脑海中突然出现了这句话，不知道是谁的声音，但是语气却铿锵有力。罗琳长出一口气，仿佛下定了一个决心一般。她不能再逞强了，不能再维护自己那可怜的自尊心，她并不是什么都可以凭借一个人做到，比如现在，她急需别人的帮助，这一点她比谁都清楚。就算是为了杰西卡，为了她对女儿的承诺，她也不能再任由自己沉沦下去。

罗琳立即开始了行动。她先是破天荒地打扫了一遍房间，把之前所有没洗的餐具都清洗了一遍摆放好，又把散乱的书籍与衣物进行整理，最后又打包了两大袋子生活垃圾。她洗了个澡，换上干净的衣服，这些事情处理完之后，时间已经接近傍晚。她估算了一下，黛安娜应该已经下班了。于是，她抱着杰西卡出了门，她需要跟黛安娜好好聊聊。

黛安娜看到姐姐的样子吓了一跳。罗琳瘦了很多，样子也十分憔悴，但是精神看起来好像还不错。那一晚，罗琳住在黛安娜家，她与妹妹聊了很多自己的近况，她希望黛安娜能帮她一把，帮她脱离现在这种颓废的状态。黛安娜惊讶于罗琳的改变，但同时也十分钦佩姐姐的坚强。她说，罗杰最近与朋友合资买了一家咖啡馆，店铺的名字叫尼科尔森，距离罗琳现在所居住的公寓不远。罗琳如果白天的时候不愿意闷在家里，可以去那里坐坐，顺便还以继续她的写作。黛安娜还建议罗琳在爱丁堡找一份工作，这样既可以不用再依靠救济金生活，也能够赶紧摆脱这种可怕的心理状态。

罗琳听取了黛安娜的建议，那次畅谈让她心中的压力缓解了大半。她开始了继续在咖啡馆写作的生活，只是这一次，她的身边多了一个小女儿。罗琳在二手店里给杰西卡买了辆轻便婴儿车，这样她不管走到哪儿都可以很方便地带上女儿。罗琳几乎每天都会光顾尼科尔森咖啡馆，由于她的妹夫是这里的合伙人，所以即使罗琳只点很少的食物与咖啡，她还是照样可以占据靠窗的位置进行写作，那些咖啡店的工作人员也不会去打扰她。

罗琳通常会利用杰西卡睡觉的时候写作，如果杰西卡醒了，她就会收拾好东西，推着女儿出去散步。如果哪一天罗琳没有写作灵感，她就会去看看有没有合适自己做的工作。虽然罗琳一心想成为真正的教师，获得教师资格，但是目前的条件还不允许她这样做，她现在需要解决的问题是保证自己与女儿的正常生活。她重新当起了兼职文秘，为了尽最大努力缓解经济压力，罗琳会一口气兼职很多份工作。

罗琳的生活变得忙碌起来，她的抑郁症状也因此获得了明显好转。心理上的轻松让她看起来更有活力，虽然她的经济收入很低，母女二人依然在贫困线上挣扎，但是却不会再感到迷茫或害怕。她如今有着更明确的生活目标，而自己也正在朝着这个目标努力奋斗着。

第十章　多方支持

——生活逐步走入正轨

罗琳及时找到了心中的症结，并且凭借坚强的意志力挺了过来。经历过一段黑暗时光的洗礼之后，罗琳对于未来日子的态度变得更加积极，对女儿也变得更加有责任感。她与乔治离婚，获得了杰西卡的永久看护权。她想成为教师，为女儿创造更好的生活条件。

第一节　一封匿名信

罗琳的生活忙碌而有序地进行着。她开始认真地审视自己的未来，她希望通过努力，为自己和女儿在爱丁堡赢取一种全新的生活。首先，她向乔治提出离婚，并提出申请女儿杰西卡的永久看护权。自从罗琳的心态改变之后，她的生活轨迹似乎也开始慢慢向着良好的方向发展。

罗琳的毛坯房公寓只有简陋的四壁与一张床，除此之外没有什么太像样的家具。罗琳自己也承认，她在家庭主妇这方面并没有什么天赋。之前为了表明自己决定重新开始生活的坚决态度，罗琳整理过一次房间。在那之后，罗琳的兼职逐渐多了起来，几乎没有时间整理房间，而她本人似乎也对这些事情不甚在意。某次，黛安娜来罗琳的公寓看望杰西卡，她惊讶于这个家的简陋程度。

回去之后，黛安娜找来了一些旧家具和生活用具，还特意请了几位朋友过来帮忙搬东西。经过一番布置，这间曾经看上去冷冰冰的毛坯房才真正有了一种家的味道。虽然那些东西之前都被别人使用过，但罗琳还是觉得很开心。她感激妹妹对自己的关心，她也在学着接受别人的关心，不再逞强去独自承担所有问题。

有了沙发跟厚地毯的屋子显得不再是空空荡荡的，沾满岁月痕迹的旧东西反而把房间衬托得十分温暖。有了地毯之后，杰西卡的活动空间从床上扩大到了地面，她现在可以在地毯上爬来爬去独自玩耍，罗琳也不必再担心她会不小心从床上摔下来。

罗琳的朋友偶尔还会给杰西卡送来一些旧的儿童玩具，这件事情让罗琳心中感到很是内疚。她很羡慕自己朋友的孩子都有崭新好玩的儿童玩具，而她的杰西卡却只能玩别的孩子不要的东西。虽然罗琳现在的收入已经可以保障她与杰西卡的温饱，但是儿童玩具这么奢侈的东西，她依然负担不起。罗琳还记得，杰西卡小时候的玩具少得可怜。曾经有那么一段时间，杰西卡仅有的几件小玩具用一个不大的纸盒就能装下。

为了改变孩子的生活条件，罗琳想了不少办法。她曾经去过一个儿童基金会组织寻求帮助，但是经过一段时间的调查研究之后，那个组织拒绝了罗琳的申请。原因是他们认为小杰西卡现在吃得饱穿得暖，生活已经得到了很好的照顾，基金会应把钱花在更需要帮助的孩子身上。

帮助基金申领失败了，但是罗琳很清楚，一味地兼职并不能从根本上解决自己的经济困难，更别提给孩子带来更好的生活。如果没有钱，她就没有能力把杰西卡送到专业的儿童保育机构去，要是她一直把大量的时间花费在照顾孩子与兼职秘书上面，她的现状最终还是没法得到改变。

前思后想了一番，她觉得她需要有一笔钱，她可以用这笔钱把杰西卡送到儿童保育所，这样她就能腾出更多的时间复习，以便参加教师资格的考试。罗琳觉得，只有自己拿到教师资格证书重新回到学校执教，她才有彻底改变的机会，完全摆脱眼下的困境。她开始琢磨怎样才能筹措到一笔钱。她想起了自己的朋友，也许她还要再厚着脸皮跟他们去借钱。这个思考过程是十分痛苦的，罗琳觉得自己的思维模式似乎又要回到之前迷茫压抑的阶段，她赶忙强迫自己克制，尽力打消这些消极的念头。

萧瑟的冬天已经过去，转眼到了初夏。罗琳一直在盘算着筹钱的事情，却没有什么好办法，考取教师资格的计划也只能被无限地搁置。那是一个不太炎热的晴朗下午，罗琳带着杰西卡去便利店买日用品和食物。她把杰西卡放在轻便儿童车上推着，把买到的东西都挂在儿童车把手上。午后的阳光十分刺眼，她们回到公寓的时候，时间大概才是下午 3 点左右，正是全天气温最高的时间段。

罗琳走到公寓门口，习惯性地看了看信箱。自从她重新做兼职秘书以来，就变得十分关注报纸上的招工信息。为了能够获得更多的信息渠道，她甚至还狠心花钱订了一份专门刊登招聘信息的报纸。

罗琳走过去，把婴儿车先停放在旁边，顺手打开信箱。里面和往常一样，放着一份颜色花花绿绿的报纸。罗琳把报纸抽出来，打算等回房间后再仔细阅读。可是她刚要关上信箱，却发现那份招聘信息的报纸下面还压着一封信。

那是一份用牛皮纸信封包裹着的邮件，背面朝上，罗琳无法看清寄件人究竟是谁。这件事情叫罗琳觉得十分好奇，因为她已经很久没有收到过招聘信息的报纸以外的邮件了。她与好朋友的联系多半都是通过电话，而且由于经济拮据，她给别人打电话的次数都不是很多，她认识的人当中更是没有谁对发送这种手写信感兴趣。

罗琳满腹狐疑地拿出那个牛皮纸信封，翻到正面看了看。上面没有写关于发信人的任何信息，没有贴邮票，更没有盖邮戳，原本应该填写邮寄地址的横线上，只是写着几个潦草的单词，"乔安娜·罗琳收"。

"没有邮戳，这应该是由写信人亲自放到这里的。"

罗琳的心中突然警觉起来，难道是什么新型的犯罪事件？她连忙走到公寓外面四处张望。外面阳光灿烂，偶尔经过几个行人也都是一副气定神闲的模样，根本没有什么可疑人士经过这里。

罗琳捏了捏信封，里面的纸张并不厚实，看样子像是一封信。她记起来自己这个月的水电费用已经缴纳过了，而她的存款少得几乎可以忽略不计，自然也不会是银行的欠款通知。带着满心疑惑，罗琳推着杰西卡回到了自己的房间。到家之后，她找来了一把裁纸刀，迫不及待地将信件拆开阅读了起来。

那封信并不长，甚至连一张信纸都没有写满。字迹比较潦草，但是看上去却写得很有魄力。罗琳很确信，这不是她所认识的任何一个人的笔迹。信的内容不多，并没有提及自己是谁，甚至包括性别，罗琳完全推测不出那寄信人究竟是一位先生还是一位女士。这位寄信人在信中说，他无意中了解到了罗琳生活的难处，他也清楚罗琳想要摆脱这种困难生活的决心与为之做出的努力，他往罗琳的银行账户里打了一笔钱，希望这笔钱能够帮助罗琳渡过难关。

罗琳看完了信，觉得有些莫名其妙。她并不知道这个人是谁，当然也不可能相信这个人平白无故说出来的话。一个素不相识的人给了自己一笔钱？这种事情怎么想都觉得不可能。罗琳只把这件事情当成是个恶作剧，她扔掉了那封信，继续过着忙碌的日子。

可是三天之后，她又一次在信箱里发现了类似的信件。这令她觉得有些不安，她找到了黛安娜跟罗杰商议这件事。黛安娜也表示不相信，不过罗杰却说，他们可以去银行账户查看一下，是否有这么一笔转账。罗琳觉得这种行为有些可笑，但同时也忍不住好奇心。于是他们一起去了一趟银行，经过查询，罗琳的账户果然多了一笔十分可观的钱。罗琳惊讶得简直不知道该说什么好，有了这笔钱，她之前的那些问题就都可以随之得到解决了！

这个夏天，罗琳获得了一笔来自于匿名人士的经济资助。这笔钱在他人看来也许并不算多，但是却解决了罗琳家的燃眉之急。不过罗琳并不愿意无功而受禄，她千方百计想要查找到这位匿名人士的相关信息，但最终一无所获。

第二节　永久看护权

罗琳一开始并不想使用这笔来自于陌生人的资助的钱，她重新开通了一个银行账户，把多出来的钱都放在了那个账户里。她一直期待有朝一日能够查到这位寄信人的相关信息，她希望能把这笔意外收入还给对方。

可惜一个月过去了，罗琳还是没有找到任何关于这个人的一点信息，她的工作与生活依旧没有什么起色。不过就在罗琳急着寻找出资人的时候，一个好消息传来。她提出的离婚申请获得了通过，而且她还得到了女儿杰西卡的永久看护权，乔治一方不能有任何方面的干涉。结束这段失败的婚姻，为罗琳一直以来的黑暗人生开启了一道曙光，她的心中感觉十分轻松，这次真的要以全新的心态去迎接未来的生活了。

罗琳跟黛安娜商议了一下，她打算先使用那笔来自匿名人士的资助款。因为这笔钱能帮助罗琳获得更好的工作机会，等自己的经济条件允许了，她还会继续寻找这个人，并把这些钱还回去。黛安娜也同意姐姐这样做。

于是，罗琳终于可以不用再依靠政府的救济金过活了。她在距离自己的公寓不太远的地方找到了一家专业的儿童保育机构，白天的时候她会把杰西卡送到那里去。那里有专业的保育员，还有很多跟杰西卡同龄的孩子，跟他们在一起的时光比总是关在狭窄的家里不知道要好上多少倍。这样一来，罗琳白天的时间就变得十分充裕了。不久，她就获得了一次以实习教师的身份在一所高中实习教学的机会。

那是位于达尔基斯的圣大卫罗马天主教中学，罗琳被应聘到那里的高中部担任实习教师。这对于罗琳来说是一个至关重要的机会，她在这所学校担任导师迈克尔·林基的助教。所谓助教，除了要协助导师完成教学任务与其他大小事务以外，还要到课堂参加观摩活动，亲身体验那些有着丰富教学经验的教师是如何给学生上课的，同时还要思考总结适合自己的教学方法，这样才能在实习教师的考核中获得好成绩。

这样看来，实习教师的工作内容一点都不比正式教师的要少，可是罗琳乐在其中。基于罗琳在埃克塞特大学时期学习的专业，这所天主教中学决定分配给罗琳一位教授法语的老师，也就是林基导师。而到了后来，罗琳确实从这位导师的身上学到了很多东西，不仅仅是教学方面的技巧，罗琳的法语成绩也突飞猛进。罗琳从埃克塞特毕业的时候，法语只拿到了 2.2 分的成绩，只能算作勉强及格。那时候的她，总是被家里的事情搞得身心俱疲，根本没办法把精力完全集中在学习上。后来毕业进入社会，也一直不能让自己彻底沉淀下来，每天都在懵懂中度过。直到她成为了母亲，她有了照顾子女的义务，这让她的头脑变得更加清醒，目标也变得明确。圣大卫罗马天主教中学的实习任务结束之后，罗琳的法语成绩从等级 D 一下子飞跃到了等级 B。这对于一个单亲母亲与职业女性双重身份压身的罗琳来说，不只是一个很大的飞跃，更多的是给了她一份鼓励、一份强有力的信心。

此时的罗琳觉得自己正在被一种强大的气场包裹着，之前那种颓废不堪的状态已经离她越来越遥远。她现在又恢复了从前那种信心满满的样子，她觉得她有能力照顾好自己和孩子的生活。那时候的罗琳，经历了多数普通人没有经历过的黑暗岁月，对于名利兼收的作家身份，她已经不再抱有什么幻想了。她现在只是一心想要拿下教师资格证书，依靠教育来获得一份全职工作。她希望自己跟杰西卡能生活得安稳富足，仅仅是这样就已经足够了。而写作这件事，罗琳正在努力将它变成自己最喜爱的一项业余爱好，虽然这个过程叫罗琳感到无比难受，可是人活着就必须面对现实生活，她不得不这样告诫自己。

离开圣大卫罗马天主教中学之后，罗琳又在另外一所学校开始了实习生涯。她进入了里斯学院，那是全苏格兰历史最悠久的学府之一，而且距离罗琳居住的公寓很近。里斯学院里还有专业的儿童托管所，为了方便，罗琳把杰西卡转送到了里斯学院的托儿所里。

罗琳在里斯学院出色地完成了教学实习任务。在她的努力下，她的法语成绩又一次取得了巨大提升，获得了全 A 的成绩，就连里斯学院负责指导罗琳的艾兰妮·怀特导师都对罗琳的不懈努力及突飞猛进的成绩予以十分的肯定。平时的努力总算没有白费，罗琳已经有资格获得教师资格了，她对此感到欣喜若狂。想想中学时期还是学校尖子生的自己，罗琳有点后悔，为什么没有早点为自己确立一个奋斗的目标，一直随波逐流了那么多年，实在是浪费了大把的时间。

为了让自己更有竞争力，在担任实习教师的同时，罗琳还参加了莫雷学院主办的教师资格证书进修学习班。这是由一所苏格兰当地的大学资助的一个社会人员进修项目，罗琳在这里学习了 3 个多月。她白天去学校实习，下午去参加进修班，晚上回到家先打理好杰西卡的一切，等她睡着之后再在一盏简陋的小台灯下完成进修班的作业。

3 个月后，罗琳参加了教师资格的考试。功夫不负有心人，她顺利取得了教师资格。她在教育委员会登记备案，从那一刻起，罗琳成为了一名真正意义上的教师。很快，她就获得了一份在里斯学院执教的工作。这一次，她再也不用担心哪一天会被炒鱿鱼，因为她现在是能够胜任全职教师岗位的专业人员。

全新的生活让罗琳重拾信心。在夜里睡不着的时候，罗琳总会琢磨目前的生活，越想越觉得无法相信，这一切都是真实的吗？她曾偷偷怀疑，也许这些都是自己在绝望情绪中产生的一场美丽的幻觉。命运真是无常！在自己走投无路、无比绝望的时候，她收到了一笔来自匿名人士的资助，这些钱改变了罗琳的人生轨迹。从那时起，罗琳觉得那一直笼罩在自己头上的无形阴影似乎完全消失了，她的世界再次充满鲜艳的色彩，虽然这个资助她的人至今都没有半点消息！罗琳一想到这件事情，就会忍不住慨叹命运的奇妙，这并不是哪个有想象力的作家的艺术构想，而是来自于无比真实的世界。有的人一夜暴富，有的人一夜一贫如洗，看来，命运本身就是一个叫人欲罢不能的好故事，因为没有人知道第二天到底会发生什么。

想到故事，她还会想起自己已经差不多完成的《哈利·波特与魔法石》的手稿。她之所以没有放弃自己与杰西卡，无论生活多么艰难都咬牙坚持走了下来，这本小说也是一根极其重要的精神支柱。那个被麻瓜①世界排斥、被魔法世界追捧的平凡小男孩给了罗琳更多生存的勇气与喘息的机会，她根本做不到完全把这个故事当成是一个业余爱好的产物丢在一边，任由它被时光慢慢遗忘。虽然她心里很清楚，在经济困难的时候，她仍然花费大量时间去做这件没有任何收益的事情很不靠谱，但是她没有办法说服自己停下来。

如果有机会，还是希望《哈利·波特与魔法石》能够出版。

罗琳在心中默默地想着。

———————————

①在"哈利·波特"系列小说中，麻瓜是对于不懂魔法的人类的称呼。

第三节　重返课堂

这是罗琳在里斯学院正式上岗的第一天。

许久没有站在讲台上的罗琳，在这一刻竟然感到十分紧张。看着讲台下面坐着那么多学生，大家都在用一种好奇的目光盯着自己，罗琳的呼吸似乎都变得有些急促。她稳了稳心神，冲着学生们微微一笑："大家好，我是乔安娜·罗琳，从今天开始，我将教授大家法语。"

罗琳话音刚落，底下就有一个顽皮的男孩子接着说道："擀面杖？"

全班哄堂大笑。不过罗琳并没有因此感到窘迫或紧张，她天生的幽默感在这时候发挥了重要作用。

"哦，不止擀面杖，他们有时候也叫我滚石①。"罗琳顽皮地眨着眼睛，语气显得十分轻松。

学生们再次大笑了起来，之前那个接话的男生脸上

①J.K.罗琳的英文拼写是 Joanne Rowling，Rowling 在发音上与 Rolling 相近，"Rolling Pin（擀面杖）"和"Rolling Stone（滚石）"是罗琳学生时代同学们对她的戏谑称呼。

泛起了不好意思的红晕。学生们都没想到这个瘦弱的女教师还有如此平易近人的一面，不禁多了几分亲切感。顿时，课堂的气氛比刚刚缓和了不少。罗琳觉得自己似乎在这个玩笑之后立即进入了状态，面对这些学生的目光她不再感到紧张，她相信这间教室里的任何事情自己都能驾驭得游刃有余。

罗琳在担当实习教师的时候，由于没有什么资历，她一直都采取中规中矩的教学路线，无非是按部就班地教给学生朗读或者默写书本上那些枯燥乏味的知识。这种教学模式，就连罗琳自己都会觉得没法忍受。如今，她已经完全成为了课堂的主导，她需要为学习这件枯燥的事情注入更多新鲜的活力才行。

罗琳的第一节课上得十分成功。学生们对她的教学方式十分认可，没有人打瞌睡，他们对于课堂活动的参与也十分积极。这给罗琳带来了巨大的信心。不过一次成功并没有让罗琳兴奋太久，她继续思索着更多有趣的教学模式，她在巴黎、在葡萄牙都曾经担任过语言教师，在现在看来，那些经历都已经变成了罗琳宝贵的教学经验。

罗琳对于教学的热心并非只是出于职业责任感抑或是对这个行业的爱好，她之所以想要出色地完成教学任务，更多地是为了保住自己的职位。相对于学校其他的资深教师，罗琳的教学经验有些不值一提。而且她刚刚拿到教师资格证书不久，当然比不上那些拥有十几年教龄的老教师，所以，她需要在教学形式上胜过他人，而不是经年累月才会获得的经验。她曾经经历过无比黑暗的时光，她比常人更加了解眼前这种生活的来之不易，她绝对不能允许自己再回到那种没有尽头的黑暗当中。

为了不被淘汰，罗琳每天回到家都会绞尽脑汁思考新点子。她发挥了自己在其他方面的才能，比如绘画。罗琳先是确认了在课堂上要讲解的几个单词，再加入一些想象，把那个单词所描述的物品画在一张卡片纸上，同时在下面写上这个单词。虽然过去了很多年，罗琳的素描技巧依然没有生疏。由于只是用来当作课堂教学活动的辅助道具，罗琳也不需要花费太多的精力，就能把这些卡片描画得精妙绝伦。

她利用晚上休息的时候做了很多这类教具，到了第二天，再带到学校去使用。她把学生分成若干小组，每一个小组都派出两个人从众多卡片中随机选出一张。两个人当中，只有一个人可以看那卡片上画的是什么，看完之后，这个人需要用法语来描述他看到的东西，让另外那个人猜。在整个猜词的过程中，两个人都只能用法语交流。一旦猜中了答案，那张卡片就可以被他们留下当作纪念。由于罗琳的素描水平很高，她画的卡片十分受学生们的喜爱。那些没有轮到猜词的学生，也会利用下课时间去悄悄地跟罗琳要来一张当作纪念。

里斯学院很快就流传着一个关于罗琳的传说。一位貌不惊人的法语女教师，她的课堂总是像体育课一样热热闹闹，上课的学生里不会有人犯困，更不会有人觉得索然无味，一时间，学校里的很多学生都对罗琳的法语课与罗琳本人产生了极大的兴趣。就连罗琳上第一堂课时的那段开场白，也就是关于"擀面杖"和"滚石"的幽默自嘲，也都成为了罗琳平易近人的最有力证据。

在里斯学院的教学成功不止给她带来了信心与名誉，更重要的是丰厚的收入。法语教师的工资比她以往任何一个工作所带来的收益都要丰厚，罗琳用这些钱更换了一间条件比较好的公寓居住，给自己买了几件新衣服，给杰西卡买了她一直想要的毛绒玩具。她不必再为生计发愁，不用再担心是否会因为没钱而饿肚子或者露宿街头。不久之后，罗琳还清了之前从谢安与黛安娜那里拿到的借款。

独立的生活让罗琳看上去不再形容憔悴，她觉得自己现在很幸福，特别是在下班之后的晚上，女儿在床上安静地睡觉，自己则坐在柔软的靠椅上喝着茶，在柔和的灯光下，她刚刚完成了《哈利·波特与魔法石》的手稿。女儿与创作，在罗琳的生命中占据着无法估量的比重，就在这一刻，她觉得自己对于人生再无其他奢侈的要求了。

第四节　作家与教师

　　眼前放着的这份《哈利·波特与魔法石》的手稿，其实是一个十分棘手的问题。罗琳在面对这份手稿的时候，心情真的无比复杂。经常写作的人也许会更能理解罗琳的心情，那些经过大脑深思熟虑之后才呈现在纸张上的文字，每一个都好像是自己的孩子。就算不是搞写作的人，哪怕是一个园丁，一位教师，甚至是一位制作手工艺的工匠，经由自己的双手所栽培出来的花朵，教育出来的学生，制作出来的手工艺品，也都是心血的凝结，那并不仅仅代表着时间的消耗，更多的是一种爱与责任的付出。

　　对于《哈利·波特与魔法石》的手稿，罗琳的心情更是如此。这份手稿就像是一个经过十月怀胎的婴儿，多数人并不关心这个婴儿的降生，只有婴儿的母亲对他不离不弃，一直辛辛苦苦用尽心血培育着这个脆弱的小生命。这份手稿见证了罗琳一段最黑暗、最痛苦的人生经历，罗琳在这一段时间里希望过，也绝望过，在最难熬的一段时间里她甚至感到厌世，想要放弃手中的一切，但是她最终还是挺了过来。这其中的艰辛不言而喻，更重要的是她获得了多方支持，而这些支持当中，《哈利·波特与魔法石》这个故事占据了很大的比重。

精神层面在一个人的人生道路上占有很大比重。一个坚强的人，哪怕丢掉身体的任何一部分，但是只要精神还没有倒下去，他就总是会对生命充满无限渴望，至少他有机会忍耐到曙光出现的那一刻。罗琳对这一点十分认同，当她住在家徒四壁的毛坯房里，看着眼前这乱七八糟的生活从而在内心中开始升腾起绝望的时候，她总是会把自己的手稿拿出来读一读。

那个戴着眼镜的男孩也曾经有过这样的经历。至亲早早离世，他独自忍受亲戚的虐待。他与众不同，但是他似乎从来都没有意识到过这一点。他生活贫穷，甚至没有穿过一件新衣服，但是他依旧保持着乐观积极的生活态度。直到有一天，那只送信的猫头鹰飞到了男孩姨夫的屋子里，带去了魔法学校的一封信。男孩的人生轨迹由此改变，他发现自己原来是那个世界中的传奇，他是英雄，是巫师们的救世主，他有许多忠于他的伙伴，他的银行账户里有着多得像小山一样的金子。他也有敌人，也有感情脆弱的时候，但是他会用自身的坚强来化解这一切困难。而这个男孩之所以有机会看到这些令人愉快的事情，是因为他一直都保持着不服输的心态。

罗琳用自己写出的故事鼓励着自己。罗琳曾经偷偷地想过，也许自己就是那个故事中的男孩，而自己目前所经历的一切，都是蓄力时必须经过的蛰伏期。她用这样的说法来为自己打气。虽然仔细想想，这种想法简直荒谬又可笑，这只是一个关于魔法的故事，难道这份手稿还真的可以像魔法一样改变自己的人生？罗琳对此从来没有过任何奢望，她仅仅是希望有朝一日，"哈利·波特"的故事能够出版，哪怕只印几百本，哪怕只有很少的人阅读，她还是期待着能把自己的信念传递给其他人。

其实，罗琳的心中一直忍受着煎熬。她一直在爱好与现实之间徘徊不定，她花费在写作上的时间实在是太多了，但是这些时间却并没有变成能够改变她生活质量的钱，她觉得这样做似乎不太好。每当有其他人问起关于她为什么要坚持写作这件事情的时候，罗琳总是觉得无比尴尬。

每天，罗琳照旧去里斯学院为学生们上法语课。即使现在她不再是一位打字员，她还是习惯性地在工作期间"偷"一些时间来进行文字创作。而作为教师的罗琳，拿着笔在纸上奋笔疾书，这种事情看上去实在是再正常不过，没有人会怀疑她究竟是在修改学生们的作业还是在干其他的事情。罗琳暗暗觉得她的这种行为看上去就好像是一个烟瘾很大的人，即使一再发誓戒烟，还是会趁着家人不注意的时候跑到花园黑暗的角落里点上一支，痛痛快快地过把瘾。罗琳曾经仔细地思考过这个问题，无论做什么事情，好像都不如写作让她来得开心。

只不过这一次，罗琳的小秘密却被她的一个学生发现了。这是罗琳教学生涯中的一个小插曲，不过却令她一直无法忘怀。某一次的法语课上，一个名叫艾鲁夫的男生竟然没有带笔和笔记本，就那样大大咧咧地走到了课堂里。罗琳的教学方式虽然灵活多变，但是她对于学生们的要求还是十分严格的。她批评了艾鲁夫，可是那个男生却说自己完完全全忘记上课要带纸笔这件事情了。罗琳对这种学生很无奈，不过她想到自己糟糕的大学时代，心里又会觉得有些愧对那些老师。罗琳让艾鲁夫去她的办公桌上拿纸笔，然后再回到座位上继续听课，之后她就去检查其他学生的作业了。

艾鲁夫走到罗琳的办公桌前，那桌子上面乱得有些离谱，上面堆满了各种纸张、学生的作业本，还有一些教学用的相关参考书，罗琳不喜欢整理的生活习惯并不只表现在家庭当中。艾鲁夫只好在那一堆乱糟糟的东西当中寻找纸张和笔的踪迹。在那些杂物中，艾鲁夫翻到了一个很厚的旧笔记本，出于好奇，他朝笔记本里扫了一眼，那上面似乎密密麻麻地写着好多字。一开始，艾鲁夫以为发现了罗琳的什么秘密日记，心中感到一阵兴奋。他先是抬头偷瞄了一下罗琳的背影，看到那位老师此刻正在专心地检查学生的课堂作业，就把头缩在了杂物后面，翻看那旧本子上的文字。

原来，那并不是什么秘密日记，更不是艾鲁夫想象的老师与某位情人柔情蜜意的情书，那上面写的都是一个个的小段子，文字很草，看样子写得十分着急。艾鲁夫读了一篇，渐渐被那些稀奇古怪的小故事吸引住了，他忘记自己需要缩着脑袋不被老师发现这件事情，渐渐站直了身子，最后干脆立在办公桌前端着罗琳的笔记本看。罗琳检查了几份课堂作业，突然想起那个找纸笔的学生还没有回到座位，就朝身后看了一眼。她立即看到艾鲁夫正站在办公桌前津津有味地读着自己的笔记本，那上面大部分记录的是"哈利·波特"当中会用到的剧情与场景，还有一些是自己临时起意写的小故事。罗琳感到一阵窘迫，脸上有点发烧，虽然不知道有没有变红，但是罗琳觉得自己就像是做错事情却被人发现的孩子，立即紧张了起来。她走过去，从桌子上翻出纸和笔，递给艾鲁夫，叫他赶快回到自己的座位上。

艾鲁夫的偷看行为被老师逮了个正着，心里也是一阵紧张。不过他还是真心觉得那些小段子很有趣，于是他接过罗琳递过去的纸笔，耷拉着头往自己的座位方向挪着步子。只走出去一步，他就回过头来问罗琳："你是一个作家？"

罗琳一时语塞，她不知道该怎么回答这个问题。罗琳一直觉得，所谓作家，至少要有一部完完全全属于自己的文学作品。此外，这部作品至少要印刷成册，被一部分人阅读并且接受。同时，他的大多数时间都需要贡献给写作，偶尔还得去一些地方为自己的文学作品采风。而自己这样每天都要为生活费拼搏的人，真的也能被称为作家？虽然她现在已经有了一部完完全全属于自己的文学作品，但是其他那些条件，她还是不符合。于是她冲着艾鲁夫摇了摇头，微笑着说："不，我不是。这些只是我的一个业余爱好。"

说完这句话的罗琳，心中有一些怅然若失。她希望这个话题就此结束，因为她也没法给自己一个比较合理的身份定位。

艾鲁夫见老师并没有因为自己的偷看而生气，于是也大起胆来说："那些都是十分有趣的故事，我很喜欢！"

第十一章 屡败屡战

——坚持不懈地投稿

罗琳的小说《哈利·波特与魔法石》顺利完成，却苦于找不到出版商。她被无数家出版商拒之门外，只因这是一本并不赚钱的儿童文学。罗琳并不放弃，她不相信厄运总是偏向自己这边。终于，这本书得到了布鲁斯百利的认可，她收获了出版界的人生第一桶金。

第一节　不断地退稿

　　艾鲁夫一句无意中的赞美，让罗琳感到无比欣慰。这个男生还未成年，有着清澈的眼睛与开朗的笑容，他还没有沾染到成人世界阿谀奉承的陋习，因此，罗琳完全可以从他的眼神中得知，艾鲁夫是真心喜欢着这些小故事。这种肯定对罗琳来说，似乎比任何褒奖都要来得值。

　　作为一个只写过一本完整小说的业余作家来说，罗琳对自己的故事并没有太大的信心。"哈利·波特"这个故事，她也只拿给自己的妹妹黛安娜看过一次，那是她刚刚遭遇家庭变故、带着杰西卡住进爱丁堡妹妹家的一个冬夜，当她拿出那份手稿递到黛安娜手里的时候，她几乎立即就觉得后悔了。不过黛安娜似乎对那个故事十分有兴趣，她读完了故事的前三章，会魔法的小男孩吸引住了黛安娜。罗琳在成名后也说过，黛安娜是"哈利·波特"故事的第一个读者，但是当时的罗琳实在无法确定，黛安娜所说的有趣究竟是真的喜欢这个故事，还是对自己当时身处窘境的一种善意的安慰。而艾鲁夫这个与罗琳萍水相逢的中学生表现出的对罗琳故事的喜爱，才使她开始有了一点信心。

为了给自己的作品找到一条出路，罗琳开始寻觅能够帮助她出版这本小说的出版商。但是自己作为一个名不见经传的业余作家，想找到好的出版商合作是很需要运气的。因为罗琳当时毫无名气，即使小说的内容再有趣，被无视的几率也相当之高。她先是来到了爱丁堡的中央图书馆，在那里，罗琳找到了一本名叫《作家与艺术年鉴》的书，那上面标注的都是能够帮作家出版印刷物的人名以及与其相对应的出版商名称。

罗琳对这些名字都一无所知，只是知道几家大出版商的名字，那也是因为她也读到那些出版商印刷出来的书籍。与知名作家竞争这种事情，光是想想都会让罗琳感到好笑，于是她找到了一家位于伦敦的出版代理，这家代理并不是很有名气。她把"哈利·波特"小说的大纲以及前三章内容放在一只黑色的文件夹袋子里，怀着忐忑不安的心情将其邮寄了出去。

自从稿子寄出去之后，罗琳一直处在一种隐藏着的焦躁不安当中。之所以说是隐藏着焦躁不安，那是因为她白天的工作还要继续，她要装作若无其事的样子给学生们上课，晚上的时候还要在家里强迫自己静下心来画那些课堂上要用的单词卡片。但是在罗琳看似平静的外表下，内心早都已经焦急得像是热锅上的蚂蚁，完全安静不下来。罗琳觉得自己那几天的心情就好像是等待着大学放榜的高中学生，她每天都要数次查看公寓外面的信箱，直到她发现了自己的退稿安静地躺在那里等待着她的时候。

这种滋味叫罗琳难受，大学入学考试的成绩终于发布了，结果自己却弄了个名落孙山。更叫罗琳生气的是，那家出版代理在寄回她的退稿的时候，竟然没有跟那个黑色文件夹一起邮寄回来。罗琳在这方面多少有些轻微强迫症，那个文件夹的作用是为了让自己的书稿看上去更专业，更具有观赏性和可读性。罗琳只好自认倒霉，又重新买了一个文件夹把书稿装了进去。

到了这个时候，罗琳反而感到有些释然。她给自己定下的近期目标就是找一家对她的故事感兴趣的出版代理公司。罗琳的心中升腾起一股愈挫愈勇的勇气，她很快就把自己的书稿投给了第二家出版代理公司。有了第一次的经验，罗琳这一次显得不再那么紧张，她似乎有种预感，这一次也不会太顺利。果不其然，这份手稿在一周之后又一次回到了她家公寓的信箱里。

罗琳开始思索是不是自己投递的方式出了问题，这两家出版代理公司都是自己随机在年鉴上找到的。反正都是随便找的，还不如在那些叫人眼花缭乱的名字里选出一个自己喜欢的名字去投递。主意已定，罗琳又跑到中央图书馆去翻阅那本年鉴。这一次，她找到了"克里斯·雷特尔"这个名字。罗琳觉得这是一个很好的名字，没有任何其他特别的原因，罗琳把这个名字后面的地址抄写到了自己的随身笔记本上。两天之后，罗琳再一次满怀希望地寄出了自己的书稿。

说到克里斯·雷特尔文学作品代理公司，就很有必要说一说这个公司里面与罗琳命运紧密相连的几个人。先说说一个叫布里昂妮·埃文斯的一个年轻女性。在罗琳把书稿投递到克里斯·雷特尔公司时候，埃文斯刚刚在这个出版代理公司驻伦敦办公室工作了 3 个月左右的时间。这一年埃文斯 25 岁，是一个英文专业毕业的大专生，她酷爱文学，希望能在出版业为自己谋求一些发展空间。埃文斯在克里斯·雷特尔负责稿件审核的工作，她每天从早上开始，都会利用一天的时间审阅大量稿件，有时候看的东西太多，叫她感到有些头昏脑涨，再有趣的故事也没法让这个年轻姑娘提起兴趣了。

这一天，当埃文斯拆开罗琳寄来的书稿的时候，只是打开简单地扫了几眼就扔在了退稿箱中。因为故事主人公的年龄设定以及那种写作技巧都在告诉埃文斯，这是一部儿童文学作品。克里斯·雷特尔对代理儿童文学或者诗歌总集都没有太大兴趣，那种东西的市场前景并不大，而这一类投稿作品基本都只是走一下形式就立即退回。

幸运之神似乎又一次即将与罗琳的书稿擦肩而过。不过这一次与以往有些不同，埃文斯是一个刚刚毕业的大专生，对工作抱有极大的热情与责任感。她在完成稿件审核之后，开始对退稿箱中的稿件进行二次筛查，她认为不管多糟糕透顶的故事，都饱含着作者的心血与希望。埃文斯一直这样坚信，只要能够在成堆的投稿中找到好的作品，她愿意自己麻烦点儿。

埃文斯翻检着退稿箱中的稿件，无意中被罗琳黑色的文件夹所吸引。那沉着的颜色在其他白花花的稿纸当中显得尤其显眼。埃文斯把那个黑色文件夹打开，重新仔细翻阅这里面的内容。这一次，她果然发现了与众不同的东西：那些稿件的纸张里不止包含文字，其中还穿插着手绘图画，这种设定让埃文斯的眼前一亮。这样的书稿可不多见！埃文斯觉得这种装帧方式带给她一种亲切感，这些经过精心绘制的图画让这份手稿顿时有了巨大的吸引力。

她迫不及待地打开了第一章，一口气读到最后。虽然这是一部题材并不讨巧的儿童文学作品，但是埃文斯依旧觉得这个故事很有趣。如果能看看后面的内容，也许这真的是一个无比精彩的故事。想到这儿，埃文斯重新把手稿放进黑色文件夹袋子里，把它放在了旁边的办公桌上，而不是重新扔回退稿箱。

这一次，幸运之神终于没有走远，罗琳的手稿成功逃脱了被退回的宿命。

第二节　可怜的出版资金

克里斯·雷特尔出版代理公司有一名长期驻扎的自由撰稿人，名叫菲罗尔·哈勒斯。哈勒斯是一个年轻有为的姑娘，在一些小范围的文学圈子里小有名气。哈勒斯也许并不是一位大红大紫的撰稿人，但是却具有一双能够发现真金的慧眼，比如《哈利·波特与魔法石》的书稿。而菲罗尔·哈勒斯，也是与罗琳命运息息相关的第二个关键人物。

当埃文斯把罗琳的手稿递给哈勒斯的时候，对她说："这本小说看上去似乎很有趣，虽然这是本儿童文学题材的小说。你应该看看，绝对会发现它与众不同。"

埃文斯迫切的眼神打动了哈勒斯。她接过那个黑色的文件夹，从里面取出了那份手稿。哈勒斯先阅读了一遍故事大纲，觉得自己对这个故事颇有兴趣，于是便翻开正文阅读起来。手稿只有前三章，却犹如一只无形的大手，牢牢抓住了哈勒斯的注意力与好奇心。她迫不及待地想要知道，这个男孩之后的命运到底变得怎样？儿童文学居然也会如此吸引成年人，这一点令哈勒斯始料未及。

"你读全了吗？"哈勒斯问埃文斯。

"我只读了第一章，但是我觉得这是个好故事。"埃文斯回答道。

"我觉得你很有必要把这些读完，非常有趣。我们应该跟雷特尔先生商议一下这份手稿的问题，这至关重要。"哈勒斯把书稿递还了回来，埃文斯接过之后，一口气把所有内容都读完。她很赞同哈勒斯的观点，她觉得这是一份不应该被错过的好作品。

在埃文斯的反复争取下，她的老板雷特尔终于答应先看一看全部稿件。

老板的妥协让埃文斯很开心，她立即跑回自己的工位，按照罗琳提供的地址发了一封信件。信的内容表达得十分委婉，大致意思是说，克里斯·雷特尔出版代理公司对罗琳女士的手稿十分感兴趣，虽然现在还并不知道这部小说能否最终顺利出版，但是他们希望罗琳能将全部的书稿寄过来，他们会认真对作品进行考量与评定。

罗琳在一星期后收到了这份来自伦敦的信件。当她打开自己家的邮箱，发现里面放着的并不是退稿而是一封请求寄送全稿的信件的时候，她高兴得简直都快晕过去了！漫长的等待终于有了一丝希望，虽然克里斯·雷特尔出版代理公司方面并没有明确表态会为自己出版这部小说，但是也不难看出他们对这部作品产生了极大兴趣。罗琳在自己租下的这间光线不大明亮的小屋里兴奋得手舞足蹈，竟然还围着餐桌转了好几圈。她把这封信读了7遍之多，生怕是自己眼花而产生的误会。这个时候的罗琳兴奋得像一个得到了糖果的小孩儿，因为她等待这一刻等得实在是太久了。

既然收到了出版公司的请求，罗琳便马不停蹄地立即着手准备。由于她的这本小说都是手写稿，而出版公司要求稿件必须以打印方式寄出。以罗琳当时的经济收入来看，她根本买不起电脑，于是她不得不利用在学校的空闲时间用打字机将这本多达 9 万字的小说誊写出来。直到这一刻，罗琳才终于明白自己之前做秘书工作的时候究竟获得了怎样了不得的工作技能。她花了不到一周的时间就将全部书稿用打字机誊写完毕，邮寄到了克里斯·雷特尔出版代理公司。那阵子，罗琳每天回家都很晚，因为她必须在规定时间内将手稿誊写完毕。她在学校留到很晚，而那个时间，杰西卡的托儿所早就放学了。罗琳只好叫杰西卡在她的脚边玩儿拼图和积木，自己则在打字机前争分夺秒。

埃文斯是第一个拿到《哈利·波特与魔法石》打印全稿的人。她一刻也不等，一口气将全部故事读完。这本在语言表达上并没有太多绝妙之处的小说触动了埃文斯最原始的好奇心，一种久违的酣畅淋漓的阅读感令她备受感动。她拿着完整的书稿找到了她的老板雷特尔，这一次，雷特尔终于认真对待了。

埃文斯向老板极力推荐这本小说，她表示自己已经很久没有看到这么有趣的好故事了。她请雷特尔务必要阅读一遍，这样才能体会她此刻的感受。雷特尔当晚就把那份全稿带回了家，他本打算在睡觉之前大致翻看一下，第二天再来公司详细阅读，结果从第一章开始，他就没有办法让自己停下来。雷特尔花了一晚上的时间读完了全部书稿，第二天，他挂着两个巨大的黑眼圈来到公司。他立即找到了埃文斯，把这个姑娘喊到了自己的办公室里。

雷特尔对埃文斯说，这是一个非常不错的故事，不过还有很多地方不够成熟。他对这份书稿给出了一些建议，比如对于人物描写的丰满程度的控制，以及书中的重大场景应该加重描写的笔墨，等等。埃文斯做好了详细记录，很快，她就把这些建议反馈给了罗琳。这一回，罗琳觉得信心更多了一些，她距离出版自己的小说这一目标又迈进了一大步。

只不过由于没有电脑，罗琳在修改完书稿之后，不得不又重新把那些内容用打字机誊写了一遍，其中的艰辛不言自明。经过几次反复修改，雷特尔与他的助手埃文斯都感到十分满意，他们决定将为罗琳的书稿寻找合适的出版商。

这并不是一个十分顺利的过程。埃文斯给了罗琳一份表格，让她把自己心目中理想的出版商名字都填上去。之后，埃文斯参考这份表格，开始寻觅出版商。只可惜，并不是人人都有一双慧眼，罗琳的小说书稿被多达12家出版社拒之门外。阴差阳错下，这些出版社都与日后席卷全球的出版界传奇擦肩而过。在这些出版社中，有一家名字叫作哈勃·柯林斯的出版社表示愿意出版该书，出版价格预计在2250美元（大约折合1500英镑）左右。埃文斯简直不知道该用什么表情来面对这寒酸的出版资金报价，她只能生气地挂上电话以示抗议。

最终，雷特尔找到了自己的合作伙伴布鲁斯百利出版社。那里的负责人特意阅读了罗琳的整本书稿，他们对这个故事也十分喜欢，表示愿意出资为罗琳出版这本《哈利·波特与魔法石》。布鲁斯百利表示，他们预计先印刷500本。虽然这种印刷数量实在少得有些说不过去，但是至少这家出版社的诚意对比之前的12家实在是好了很多。就这样，罗琳即将获得她生平的第一笔稿费，这也是她从文学创作当中获得的第一桶金。

第三节　布鲁斯百利的认可

事情既然敲定了，就要很快落实出版合同的事情。在布鲁斯百利出版社的安排下，罗琳乘火车前往伦敦。她与布鲁斯百利出版社的负责人巴里·坎宁以及出版代理公司的老板克里斯托弗·雷特尔约好在伦敦火车站附近的一家啤酒馆里见面。

罗琳对于这次见面既期待又紧张，她完全不知道应该与对方谈些什么。虽然已经提前查阅过一些关于出版方面的相关资料，但是她没有任何把握能够相信这些现学现卖的知识。不过这毕竟只是签合同，而且布鲁斯百利那边还要针对罗琳的书稿提出一些更加适用于出版物的建议，她大可不必过于紧张。而且最关键的一点是罗琳即将拿到的一笔钱，这对于她目前的生活来说意义重大。

罗琳早早就把还没睡醒的杰西卡送到了妹妹家，让妹妹帮忙送杰西卡去托儿所。然后，罗琳搭了 5 个小时的火车从爱丁堡来到了伦敦。距离约定的时间还有大约两个小时，她就去了那家啤酒馆附近的玩具商店打发时间。那里的儿童玩具琳琅满目、花样繁多，由于想到自己即将进账一笔不少的钱，罗琳便毫不犹豫地在那家玩具商店里为女儿杰西卡选购了几样玩具。杰西卡从小玩的都是别的孩子剩下的旧玩具，那些东西不是缺少零件就是严重损坏，这让罗琳一直有一个心结。她没有给杰西卡带来衣食无忧的童年，罗琳总是这样自责。只是她还不知道，她的小说在未来所创下的奇迹，早已经不是几样新款的儿童玩具可以媲美的了。

距离约定时间还有半个小时的时候，罗琳拎着买好的东西走进了那家啤酒馆。她习惯性地找了一个靠窗的四人座位坐定，就等着另外两位出版界人士现身。不出 5 分钟，坎宁与雷特尔就出现了，他们热情地向罗琳打招呼。礼貌的寒暄过后，他们点了一些食物和饮料，因为要谈关于书稿修改的事情，所以他们没有点啤酒。罗琳一直觉得心神不宁，却忘记了这是由于紧张所致。她一直在怀疑是不是自己早上的咖啡喝得太浓了，她的手总是忍不住发抖，动作幅度还挺大，估计已经被坐在对面的坎宁看了个满眼。

坎宁确实看出了罗琳的紧张。他安慰着罗琳，让她放松一些，他们只是谈一谈关于这次合作的具体事项，而且罗琳本人才是促成这次合作的至关重要的人物，所以她根本无须紧张。

很快，他们点的食物就端了上来。为了能缓解罗琳的紧张情绪，坎宁建议他们先吃点东西。经过一个上午的旅途奔波，罗琳也确实觉得有些饥饿。只是心里有事，怎么都放松不下来，那些食物在罗琳的嘴里感觉就像在嚼蜡。坎宁先是问起了罗琳的生活，罗琳简单讲述了一下自己曾经的那一段黑暗时光。她说到自己现在最艰难的时期，还带着仍是婴儿的女儿。罗琳还说到自己与前夫感情不是很好，所以离了婚，但是没有提到家暴的事情。罗琳是一个比较爱面子的人，这从她独立的个性中就不难看出，她并不愿意以一个柔弱的受害者的身份去换取别人对自己的同情。

话题一打开，紧张的情绪立即就缓和了不少，食物也吃得差不多了，于是他们就开始讨论出版的事宜。在伦敦街头的一家啤酒馆里，罗琳与布鲁斯百利出版社签订了出版合同，布鲁斯百利买断了《哈利·波特与魔法石》的首版出版权。在扣除了雷特尔出版代理公司的代理费之后，罗琳能获得1910美元（折合约1275英镑）的收入。只是这笔钱她目前只能拿到一半，另一半则需要等到书籍出版之后才会给。

谈到合同与收入，这些都叫罗琳的头脑有些发晕。不过，当他们的话题转移到《哈利·波特与魔法石》书稿的时候，罗琳便开始显得信心十足起来。她讲了很多关于书本创作的事情，语气明显自信了许多。她甚至对坎宁表达了自己之所以希望这本小说能够出版，一个原因是希望有人能够喜欢这个由自己呕心沥血创造出来的故事，还有一个原因就是期待这个长久以来都坚持着的爱好能够稍稍改变一下自己的生活状况。

坎宁听到罗琳轻描淡写地讲述着自己曾经的艰辛，心中不免对这个看似柔弱的女人感到一些敬佩。当他听到罗琳想用自己的文学创作来改变女儿的生活环境的时候，坎宁坦言，想要依靠儿童文学来赚钱，几乎可以说是一件非常难以实现的事情。罗琳对于这种直言不讳多少感到有些泄气，但是她毕竟对自己的故事很有信心，哪怕这本书对于自己的生活只是产生了一点点影响，这对于她个人来说也是一种莫大的荣誉。

接着，坎宁又谈到了罗琳的那本小说。坎宁为罗琳提出了一个建议，他觉得作者使用乔安娜·罗琳这个女性名字对于这本小说来说并不太合适，因为这一类有关魔法与冒险的儿童文学，读者群多半都是处在青少年时期的男孩子。通常情况下，他们会谨慎选择由一个女作家写出来的文学作品。如果罗琳能改成一个帅气的中性名字，就会对卖书这件事增加更多的信心。罗琳对于自己第一本书的出版几乎提不出任何要求，她当时觉得，只要这本书能够面世，在封面上写什么名字应该都无所谓。于是她采取了坎宁的建议，使用自己名字的首字母，这样的话，就没有谁能够猜得出作者的性别究竟是男还是女了。

不过问题又出现了，罗琳的妈妈安妮、妹妹黛安娜，包括罗琳本人，从出生那天起就根本没有中间的名字，罗琳从小到大都只是使用着乔安娜·罗琳这个唯一的一个名字而已。坎宁建议她给自己想一个中间名字，这个名字可以来自罗琳亲戚中自己比较喜欢的长辈，于是罗琳想起了自己的外婆。罗琳的外婆名叫凯瑟琳，出于对外婆的喜爱，罗琳也会觉得凯瑟琳是一个很棒的名字。此外，罗琳还想到了自己喜欢的魔幻题材小说作家托尔金，他在出版《魔戒》系列的时候，用的笔名是J.J.R.托尔金，同样采取了名字首字母缩写的方式。

敲定了名字之后，罗琳对坎宁表示，她打算用J.K.罗琳这个名字作为出版笔名。到了后来，也就是罗琳声名鹊起之后，这个笔名确实发挥了十分重要的作用。因为没人能够通过这个名字猜测出作者就是乔安娜·罗琳，这使得罗琳可以在获得知名度的同时，尽量保持私生活不受到打扰。

一直以来，有很多人误会罗琳的真名叫作乔安娜·凯瑟琳·罗琳，其实罗琳的本名只是乔安娜·罗琳，中间名字只是为了出版使用而后加上去的。

一切事物处理完毕，罗琳拎着给女儿买的新玩具，迈着轻快的步伐向车站走去。她即将再搭5个小时的列车回到爱丁堡的女儿身边。这么久的车程并没有让她觉得苦闷无聊。此刻，罗琳的内心被幸福感挤得满满的，她希望赶紧回到爱丁堡，把那些新买的玩具送给杰西卡，她期待着女儿灿烂的笑脸。

若干年前，在开往伦敦的某一节陈旧车厢里，罗琳与一个魔法少年不期而遇；若干年后，这个少年与罗琳一起，为这个世界添上了浓重而又传奇的一抹颜色。

第四节　12000 美元的资助

　　第一本小说即将出版，这件事情对于罗琳来说是目前为止唯一一件可以媲美女儿杰西卡出生的大喜事。其实从某种角度来说，杰西卡的出生与《哈利·波特与魔法石》的出版有着异曲同工之妙，因为这两件事情都是罗琳耗费了很大心血酝酿出来的生命，只是两种生命的表现形式有些不同而已。

　　罗琳回到爱丁堡的时候，时间已经接近傍晚。她直接去了妹妹家，当她走进屋里的时候，看到杰西卡正在与黛安娜玩着一堆掉了色的旧积木。罗琳迫不及待地将新买的玩具拿给杰西卡，杰西卡立即欢呼雀跃了起来。她几乎从来没有过一件全新的玩具，可这一次妈妈居然给自己买了好几样。看着女儿的笑脸，喜悦与愧疚在罗琳的内心中交缠在一起，她突然觉得，出版所得的那 1275 英镑实在无法长久支撑自己与女儿的稳定生活，她如果真的决定不再让女儿受苦，就需要再为自己的书稿想一些办法。

出书的兴奋还没有过去，不过罗琳的生活还得继续。她目前的出版所得虽然不算少，但也不算多，她还要继续在学校努力工作，赚钱糊口。既然有了出版物，罗琳觉得自己应该算是一位作家了。虽然头上突然多了这个名头让她多少有些无所适从与胆怯，但毕竟她对自己的作品有信心，她唯一要做的只有适应一下自己的新身份。

罗琳开始多方打听消息，因为她之前就听说过有一些社会性质的文学奖金，会专门针对搞文学创作的作家实行一定程度上的经济扶助。罗琳很快就找到了一个名为"苏格兰文学委员会"的组织，不过该组织的奖金只能奖励给已经有出版物面世的作家。罗琳在了解到这个消息之后觉得有些拿不定主意，她不知道以自己这样的情况去申请奖金是否能够成功。于是，她花了两个晚上的时间写了一份很长的申请报告。罗琳在报告里说明了自己已经与出版社签订了出版合同，只是书籍要到今年夏天才会面世。同时，她还言辞恳切地进一步说明了女儿杰西卡在日常生活上的花费，以及她们母女二人在经济方面所面临的诸多问题。同时，罗琳还将《哈利·波特与魔法石》的 40 页书稿一并附在了申请报告当中。

罗琳心情忐忑地将这份厚厚的申请报告邮寄给了"苏格兰文学委员会"，接下来要做的就只有等待。罗琳本来以为这份申请报告的回复至少要等上半个月或一个月，结果不到一个星期，她就收到了苏格兰文学委员会的答复。由于言辞恳切，又基于罗琳即将在夏天面世的小说出版物，委员会批准了罗琳的奖金申请。很快，她的银行账户就收到了一笔 12000 美元的奖金资助，相当于 8000 英镑。这对于罗琳来说简直多得像一个天文数字，这是她有生以来拿到的最多的一笔钱。看着那笔转账记录，罗琳简直不敢相信自己的眼睛。

当一个人的运气开始好转之后，好事就会一件接一件地跑过来。

罗琳拿到这笔钱之后，马上就给自己买了一台电脑，因为笨重的打字机根本无法满足她的工作需要。有了电脑之后，罗琳就可以利用电脑进行写作与修改工作，这就大大减少了不必要的时间浪费。不过即使有了电脑，罗琳还是习惯手写书稿，笔尖与纸张摩擦发出的那种沙沙声让罗琳感到十分安心，那种声音比起电脑键盘更能激发罗琳的想象与创作思路。

这笔奖金彻底拯救了罗琳的经济危机，她依靠着奖金、出版所得和在学校上课赚来的工资过活，三份收入加起来所得的数字十分可观。一直到"哈利·波特"系列的第二本《哈利·波特与密室》出版之前，罗琳与杰西卡都是靠着这些收入生活的。不过罗琳感到很满足，因为她之前从来没有想过，她写的那些被很多人笑话是没用的文字，竟然还能改变她的生活，提高她的经济水平，可见自己的坚持不懈得到了回报。

时间很快来到了 1997 年的 6 月 26 日，罗琳的首部儿童文学题材小说《哈利·波特与魔法石》正式以 J.K.罗琳作为笔名出版面世。能够很清楚地说出来出版日期这种事情，完全都是后话，因为当时这本书只是平平静静地出现在了一些书店的新品书架上。而在那一年，光是英国地区就有超过 10 万本图书出版，"哈利·波特"的光芒此刻尚未显露。布鲁斯百利出版社决定第一批先印 500 本，并且同时推出了精装与平装两种版本。在书籍上市的第一天，罗琳就跑到街边的一家书店买了一本自己的小说，她翻开那本沉甸甸的书，草草阅读了一下里面的内容。原本是自己字斟句酌写出来的东西，现在看起来似乎有些可笑。不知为什么，罗琳突然产生了这种想法。她又往后翻了翻书，越看越觉得心里没底，罗琳开始怀疑这本书到底能不能受到读者的欢迎。

罗琳觉得自己的耳朵有些发烧，最近一段时间，她只要心情紧张不安的时候耳朵就会发烧。她赶忙把书夹在胳膊底下，走出了这家书店。那一天，罗琳把爱丁堡大街小巷里的书店差不多全都转了一遍，看到哪家的新品书架上摆放着自己的作品，就会进去瞧一瞧。罗琳所谓的瞧一瞧，也只是躲在一个角落里假装看其他的书，进而观察会不会有谁过去翻看她的小说并且付钱买下来。罗琳关心的并不是卖书的收益，她只是觉得读者肯出钱买下这本书，就是对她个人的一种莫大鼓舞与肯定。那一整天，罗琳都在马路上逛书店，内心既兴奋又忐忑。

上市三天后，《哈利·波特与魔法石》就在《苏格兰人》与《周末时报》两份刊物中的新书点评栏目里获得了不少好评与关注。不过即使如此，这本儿童小说仍旧没有什么大红大紫的前兆，它就像是其他普通的文学小说那样，安安静静地立在某家书店的角落里，等着对它有兴趣的人前来翻阅。

只不过在这个时候，布鲁斯百利出版社儿童文学部负责人巴里·坎宁的心里却感觉不到轻松与喜悦，因为他们儿童文学部的经费根本就不够买下《哈利·波特与魔法石》在美国地区的印刷权。但是这一点，对于行业资深人士坎宁来说还构不成什么压力。真正让他感到出乎意料的是另外一件事，《哈利·波特与魔法石》似乎在美国的出版业引起了不小的轰动。

第十二章　创造奇迹

——哈利·波特风靡世界

命运的天平终于开始向着罗琳倾斜。由于美国一家出版商的慧眼识金，使得这部书一夜之间风靡全世界。罗琳的生活有了巨大改变，她还清了债务，再也不用依靠政府救济金过活了。她的小说被拍成电影，而罗琳本人也迅速变成了腰缠万贯的女作家。

第一节 改变命运的电话

在《哈利·波特与魔法石》出版后的第三天，罗琳接到了一通从美国纽约打来的电话，电话来自于克里斯·雷特尔出版代理公司的负责人克里斯托弗·雷特尔。当时，罗琳还正在为自己的 500 本印刷品兴奋不已，雷特尔的电话内容却再一次让罗琳惊讶得说不出话来。

之前我们曾经提到过与罗琳命运紧密相连的两个人，布里昂妮·埃文斯与菲罗尔·哈勒斯，这两个姑娘都在克里斯·雷特尔出版代理公司上班。要不是这两个姑娘的坚持，罗琳的小说手稿也许会再次遭受退稿的厄运。而在接下来所要讲述的这个故事里，又一个与罗琳命运息息相关的人物出现了，他的名字叫作亚瑟·拉文，是美国斯科拉斯蒂克出版集团的副主席，同时还兼任雷文出版集团的社论编辑。如此资深的出版界巨头竟然会对一个名不见经传的小作家写出来的儿童文学作品十分感兴趣，这件事情本身就充满着很多神秘因素。

早在罗琳的小说出版前 3 个月前，也就是 1997 年的 3 月，亚瑟·拉文就已经拿到了《哈利·波特与魔法石》的全套书稿。把这份书稿送到拉文手中的人是布鲁斯百利出版社的版权负责人，那位负责人原本以为这只是一次平淡无奇的竞拍，却始料未及地演变成了一场全球竞价！有很多出版社表示愿意出高价购买《哈利·波特与魔法石》在美国地区的出版权。这一场竞价完全是由于亚瑟·拉文对这本书寄予的厚望。

当拉文收到《哈利·波特与魔法石》书稿的时候，他正在意大利洽谈一笔重要业务。在意大利博洛尼亚飞往美国纽约的飞机上，拉文一边喝着咖啡一边读完了这本小说的全部书稿。眼前这本写给儿童的故事书，让这位"阅书无数"的出版界资深人士产生了很多思考。如果说，哈利的故事里有很多场景都折射出了作者罗琳在某一个时期、某一个阶段的特定心境的话，这种情况也同样适合于其他读这本书的读者。所谓每个人心中都有属于自己的哈姆雷特，同样的场景，读者会根据自身的经历解读出各种各样不同的意义，亚瑟·拉文也是如此。

哈利·波特，这个刚满 11 岁的小男孩，在他过去那些年的人生当中，几乎可以用"惨淡"这个词汇来形容。他从出生开始就失去了父母，一直在并不友善的亲戚家寄居，而所谓的寄居，其实也只是有一个能睡觉的碗柜。他有一个尖刻的姨妈，一个势利眼的姨夫，还有一个爱欺负人的熊孩子哥哥。他永远吃着冰冷的食物，穿着破旧的衣裤和鞋子，周围的邻居几乎都想不清楚，这个脏兮兮的男孩为什么会住在这么高档华丽的住宅区里。他从不知道自己的神奇魔力，也不知道自己的人生本身就是一个传奇，他甚至不知道为什么会有很多奇怪的事情发生在自己的周围，那一切就好像是自己能够使用魔法。

这一个设定让亚瑟·拉文十分感慨，他立即就想到了美国学校里的一些学生。他们总是被其他同学与老师看作"异类"，这种异类多半是指他们在比较大众、比较受欢迎的热门学科里表现平平，有的甚至可以算是毫无才华可言，但是却在一些冷门学科上拥有其他人完全不具备的能力与天赋。只可惜，他们擅长冷门学科这一点常常会受到忽视。不依从于主流，这在某些教师的眼中简直就是一件不可思议的事情。比如在中学里，擅长体育的学生总是会成为校园里的风云人物，而在音乐或者是美术方面有才华的学生却很难获得鼓励。拉文自己在学生时代也曾经有过类似的经历，他擅长音乐，却没人觉得那是个长处。

那些一直被冷落的学生在主流领域的平庸并不代表他们一生都将平庸，如果将这个范围扩展一下，生活在这个社会边缘的人群也能够与"被冷落的学生"不谋而合。哈利接到了霍格沃茨的来信，了解到了自己的与众不同之处，他被大家憧憬，被大家保护，被大家奉为救世主。这些都可以表达出一种含义，那些看似很普通的人，在自己擅长的领域里都能够创造出一个独一无二的奇迹。

拉文觉得，这本小说并不只是一本单纯意义上的儿童文学，它有着更深远、更广阔的意义。他被哈利的奇迹深深打动了。于是，当他到达纽约之后，立即将《哈利·波特与魔法石》竞拍价格提升到了六位数。在这中间，拉文也十分犹豫，花这么高的价格来购买一本儿童文学题材的故事书，真的没问题吗？不过，他之前在飞机上思考过的那些想法还是很坚定地占据了上风。最终，亚瑟·拉文以10万元美金的高价买下了这本由一个英国小作家写的儿童故事书在美国地区的出版权。

雷特尔滔滔不绝地在电话中讲述着事情的经过，罗琳觉得自己似乎正在倾听一个关于别人的故事，她根本不可能相信这一切是真的。就在刚才，她还在思考自己的500本印刷本是否能够顺利卖出去。于是，罗琳跟雷特尔在电话中反复确认了好多遍，她重复询问关于这场竞价的一切事情，比如："你确定这是一场针对《哈利·波特与魔法石》的价格竞拍?"又或者："你说的最终价格是真的?"

雷特尔听得出罗琳的紧张和语无伦次，因为她在电话中重复次数最多的话就是"哦，我的上帝"。雷特尔都觉得有些好笑，只得一遍一遍耐心地回答罗琳的重复提问。最后他告诉罗琳，亚瑟·拉文先生将会在10分钟后打电话过来，因为他想要亲自向罗琳表示祝贺。

第二节　入乡随俗

　　此时此刻的罗琳，正精神紧张地坐在电话机前等待着亚瑟·拉文的来电。一阵急促的铃声响起，罗琳吓得一哆嗦，在第一声铃声还没有结束之前，罗琳就急忙抓起了听筒，按在了耳朵上。

　　"您好！"

　　罗琳的声音听上去有些颤抖，也许是之前那个消息太令她震惊了，也许是她在 10 分钟之前还完全没有想到，自己居然会接到来自一位出版界资深人物的祝贺电话。拉文的声音听上去很亲切，这让罗琳放松了不少。

　　"是乔安娜·罗琳女士吗？您好，我是斯科拉斯蒂克出版集团的负责人，我叫亚瑟·拉文。突然打电话给您，真是很冒昧，我想您一定已经听过雷特尔先生转达的那条好消息了吧？"

　　"是的……"

　　罗琳太激动了，以至于完全说不出什么多余的话来。她很担心这种讲话语气会给对方留下一种不太友好的印象，于是赶紧又补充了半句："呃，是的，我听说了，关于那个消息的事情。"

拉文在听筒那边笑了笑："请您不用紧张，我已经阅读了您的那本小说，真是十分精彩的故事。我觉得这本书的出现很有意义，也很有趣，我们出钱买下了美国地区的出版发行权，是因为这确实是一本好书！最终价格虽然很高，但是它值那个价钱。我想，它并不只是能给孩子们带来乐趣，对于成年人也有很重要的提醒作用。相信一定会有很多人和我一样，读一遍就会爱上这个美妙的故事。"

拉文不紧不慢的谦和语气让罗琳安心不少，特别是对方对于自己小说的充分肯定让罗琳信心大增，她甚至觉得这一刻的感觉比拿到一大笔钱的时候还要激动。罗琳本以为，这通电话到这里就结束了，因为这毕竟只是祝贺电话，也不会耽搁太多时间。可是接下来，拉文又与罗琳在电话里长谈了一个多小时。由于要在美国地区出版，那么这本由英国人写成的小说就需要在一定程度上进行一些修改，以便于适应美国读者的阅读习惯。

虽然英国与美国的通用语言都是以英文为主，但是他们彼此之间所使用的英文却还是大不相同的。这种不同并不是只体现在发音习惯上，更多的是一些日常用词的相异解读。举个例子来说，英文中有"jumper"这个词，在英国，它被解读成针织套衫的意思，而在美国，这个词则是指女孩穿的裙子。当拉文提出这一类词汇的修改意见时，罗琳没有什么异议地表示同意修改。

可是也有一些地方，罗琳并不想让步。虽然她知道，自己面对的是一位出版界资深人士，但是她很清楚自己的身份是"哈利·波特"系列小说的作者，她很有必要直接明了地表达出自己的观点。其实罗琳这样做也有着自己的一部分原因，她毕竟是一个土生土长的英国人（虽然罗琳的母亲是个法国苏格兰混血儿），她希望自己的小说能够最大程度地保持英国特有的风味，而不是最终变成一本彻头彻尾的"美国制造"。

在罗琳的坚持下，小说中的绝大部分内容都将保留英国版的表达方式，只是对一些异义比较大的词语重新进行了修订。而在整本小说中，改动最大的应该还是出版标题。其实，确切地说，罗琳的第一本"哈利·波特"系列小说在英国地区出版的时候，名字叫作《哈利·波特与智慧石》，英文写作"Harry Potter and the Philosopher's Stone"。Philosopher一词表示的意思有哲学家、思想家或者是炼金术师，拉文认为，这个词的含义太过晦涩，不太适合美国读者的阅读习惯。于是，罗拉文建议罗琳将标题改成"Harry Potter and the Sorcerer's Stone"，也就是现在惯用的《哈利·波特与魔法石》。Sorcerer有巫师、魔术师的含义，这样一来，意思就明确得多。为了能够让美国读者更好地接受，罗琳最终接受了拉文的这个提议。

在这次电话长谈之后，罗琳还接到过几次拉文或者是拉文助手的来电，都是为了确认关于书本内容修改的相关工作。在全部修订结束之后，罗琳还收到了斯科拉斯蒂克出版集团邮寄来的最终定稿，他们希望罗琳能够过目这份最终书稿，以便确保万无一失。亚瑟·拉文是一个对待工作极度认真的人，可巧的是，罗琳在谈到自己的小说的时候也是个严肃谨慎的人。两厢一拍即合，很快，《哈利·波特与魔法石》的美国版正式出版发行，并且立即就受到了读者的极大关注与喜爱。

面对一个接一个的幸运，罗琳最初的兴奋感逐渐开始归于平静。依照她的最初计划，目前的进展对于"哈利·波特"系列小说来说还只是一个开始，这个故事后面还有许多复杂纠结的剧情，她需要一颗冷静的头脑与能够摒弃浮躁的内心，这都是她继续创作下去的最根本条件。

俗话总是说，"创业容易守业难"，这与罗琳目前的状态有一些相似之处。罗琳的第一本小说火了，之后的创作应该怎么进行，这对于经验尚浅的罗琳是一个不小的挑战。因为在这本之后，她还有第二本、第三本、第四本，怎样让这个故事的吸引力能够一直持续下去，是一件十分重要的事情。很多作家就是在第一本书风头正盛的时候匆匆忙忙地推出了续集，结果由于仓促，反而毁掉了第一本书在读者心中的完美形象，成了狗尾续貂之作。

在美国版《哈利·波特与魔法石》发布之后不久，罗琳的第二本小说《哈利·波特与密室》就已经完成了全部手稿。罗琳将这份完整手稿拿给了布鲁斯百利出版社，这让雷特尔与坎宁都十分吃惊，他们根本没想到，第一本出版物大获全胜的罗琳，竟然还愿意把她的后续作品拿给原来的出版商出版。罗琳却觉得这是一件稀松平常的事情，她按部就班地构架着这个庞大的魔法世界，无论多少繁华闯进她的双眼，她依旧能够找到自己最初的方向，脚踏实地地向前迈进。

第三节　从 500 册到 2 亿册

　　对于"哈利·波特"系列第二本作品的压力，罗琳也曾经有过一些担心。不过她的故事比照其他作者要有一个很大的优势，那就是"哈利·波特"的故事发展完全是按照小主人公的成长顺序来进行的，她并不需要创造太多的其他线索来吸引读者的注意力。哈利身边的同学差不多一直都是同一群人，很多读者都已经爱上了哈利和他的小伙伴们，他们格外关注这些人物的命运走向，他们都会迫不及待地希望下一本"哈利·波特"能够快一些面世。

　　将《哈利·波特与密室》的书稿交给布鲁斯百利之后，罗琳的心中又开始变得忐忑不安。人总是不断地对自己产生怀疑，这一点是毋庸置疑的。在罗琳进行第二本故事创作的过程中，她又拿出了那本自己在路边书店买来的平装版《哈利·波特与魔法石》。她想再仔细回顾一下第一本书当中的一些重要节点，以便在接下来的情节布局中避免产生不必要的纰漏。当她逐字逐句读着那些诞生于自己笔下的文字时，一种奇怪的感觉突然在罗琳的心中升起。

这真的是自己写的东西？为什么现在回过头看看，会觉得自己眼下正在做的事情十分可笑？接着，罗琳打开自己的个人电脑，把《哈利·波特与密室》的电子版书稿从头到尾又翻了一遍，越看越觉得不妥。第二天一大早，她就打电话给布鲁斯百利出版社的负责人坎宁，提出要把前几天交给他的书稿拿回来，因为她觉得那里面有一些地方十分不妥，完全不能拿来出版。坎宁在接到罗琳电话的时候心中有过一丝犹豫，他在心里悄悄怀疑，罗琳来要回书稿，是不是另有什么打算？不过事情并不像坎宁想象的那么复杂。6个星期之后，罗琳把重新修改好的书稿再次交到了坎宁的手中。直到这一刻，坎宁的心才算安稳了下来，对罗琳本人的信任也增多了几分。

第二年，也就是1998年的夏天，罗琳的第二本小说《哈利·波特与密室》出版。上架不到一周，各大书店的存货就已经基本宣布告罄，这本小说也成为了当年最火爆的畅销小说之一。

从此以后，"哈利·波特"系列小说开始席卷整个世界。越来越多的人都为这个会使用魔法、性格倔强又坚强的小男孩所倾倒。书中那些引人入胜的故事情节已经不仅仅吸引孩子们的目光，成年人读者群体也对这个故事产生了极大兴趣。

罗琳用自己天马行空的想象力构架出了一个绝无仅有的魔幻世界。她对于麻瓜世界的描写并没有耗费太多笔墨，而是更着重说明那个隐藏在世界角落当中的巫师王国。那个世界也有黑暗阴影，也有不愉快的伤心往事，也有至亲之人突然离世的不幸经历，但是罗琳更多地是想向大家传递一种信息，一种在她心中早就已经根深蒂固的信念，只有勇气与爱，才能拯救自己和别人的心灵。

故事的主人公哈利·波特有着许多同龄孩子并未经历过的悲惨童年，但是这些伤心的回忆并没有扭曲他的本性，他依旧善良、正直、爱管闲事。虽然他有时候很冲动，会犯一些错误，但正因为他的这种率直，就连世世代代为古老巫师家族马尔福一家①服务的家养小精灵②都不惜为了保护哈利而自我牺牲。这些都是信任的力量。

罗琳在出版"哈利·波特"系列故事的前半段时间里，也就是在第四本《哈利·波特与火焰杯》之前，都是以一年一本书的速度在进行创作。不过，很多读者在读完了《哈利·波特与火焰杯》之后，觉得其中有一些不太尽如人意的地方，他们都觉得罗琳的故事情节安排得有些操之过急，这难免会对今后的发展造成一定影响。于是，从第五本书，也就是《哈利·波特与凤凰社》开始，罗琳几乎每一本都要花费掉两年的酝酿与写作时间。她放慢了速度，这样就会有更多的时间去思考。终于，罗琳在 2007 年 7 月 21 日那天出版了"哈利·波特"系列的最后一本作品——《哈利·波特与死亡圣器》。

在这期间，"哈利·波特"系列被翻译成了 60 多种文字，在全球 200 多个国家和地区发行销售。罗琳用了 10 年的时间给全世界的人讲述了一个精彩的冒险故事，而这 10 年并不包括她成名之前的写作时间。在这 10 年里，罗琳的读者们渐渐长大，罗琳笔下的哈利也跟读者们一起成长着。虽然这个魔法少年还是经常犯错，但他绝不犯同样的错。犯错，是每个人在成长道路上

---

①马尔福一家，"哈利·波特"系列小说中的一个十分古老的巫师家族。
②家养小精灵，"哈利·波特"系列小说中专门服侍古老巫师家族的精灵奴隶，魔力强大，但不能擅自使用，经常会受到主人的虐待。必须对主人绝对服从，一旦有不敬行为或私自乱用魔法，就要进行自我惩罚。如果从主人那里得到任何一件衣物，就可以获得自由。

必须经历的洗礼，包括罗琳自己在内。

哈利·波特，这个响彻世界的名字曾经被多家出版商拒之门外，有关他的第一份书稿也曾经被一次次地搁置在冰冷的办公桌上无人问津。但是有句很俗气的话在这里还是不得不说，是金子早晚都会发光。罗琳从一个名不见经传的小作家摇身一变成为了全英国最富有的女人之一。那个曾经无法被人理解的写作爱好帮助罗琳获得了财富与名誉。从最初《哈利·波特与魔法石》500册的印量，到如今全球发行2亿册的出版奇迹，罗琳用自己的亲身经历鉴证了"坚持"所带来的非凡回报。

第四节　哈利·波特被翻拍为电影

好莱坞的嗅觉远比我们想象的要灵敏得多。当"哈利·波特"系列实体小说的第一本刚刚在美国地区上市 10 天的时候，华纳兄弟电影公司便主动找到了罗琳的出版代理克里斯托弗·雷特尔。华纳十分希望能够买下这部小说的电影拍摄权，这样的话，相关的周边产品与电影光盘等都可以成为收益，"哈利·波特"就可以完全被当作一个产业链来进行运作，如此巨大的商机，华纳当然不想放弃。更重要的是，这是一个关于魔法世界的故事，没有比这样的设定更加适合拍摄成电影的了！曲折离奇的故事情节，加上现实中绝对看不到的奇幻场景，华纳兄弟对这个故事充满了信心。

克里斯托弗·雷特尔完全没有想到这本小说居然带来如此多的连锁反应，作为罗琳的出版代理，他自然希望这份电影拍摄权能够卖到一个好价钱。不过在那个时候，"哈利·波特"的故事只是刚刚开始，后面的故事究竟会有怎样的发展，雷特尔也好，华纳公司也罢，都需要听取罗琳的意思，毕竟是罗琳在掌控着整个故事的发展走向。

有更多的钱可以赚，这对于罗琳来说自然是一个无法拒绝的好事。但是她心里还惦记着更重要的事情，比如她的读者群，比如她笔下那些角色的最终归宿。这两者对于罗琳来说都是至关重要的存在，这并不只是罗琳成名初期的想法，读者的感受与笔下角色的命运走向永远都是罗琳最关心的两个问题。

虽然罗琳在出版第一本小说的时候就已经在心中构思好了之后故事情节的大致方向与最终结局，但是既然要翻拍成电影版，需要确定下来的细节就会更多。罗琳在这方面花费了巨大的心思，同时她还要坚持完成接下来的创作，时间就自然而然成为了罗琳最需要的东西。她最终还是离开执教的学校，开始职业作家的生涯。

在《哈利·波特与魔法石》出版两年之后，华纳兄弟购买其电影版权的事情终于尘埃落定。华纳以 100 万美元的价格拿下了《哈利·波特与魔法石》的电影拍摄权。100 万美元听上去有些像天文数字，但这对于一部电影的投资来说真的不算是一笔巨款。不过，这对于当时的罗琳来说，已经是一个叫人欣喜若狂的价钱了。

当然，即使 100 万美金摆在面前，罗琳也没有被这种从未经历过的喜事冲昏头脑。为了能够保证"哈利·波特"的故事被原汁原味地搬上大银幕，罗琳提出了一些要求，比如自己必须持有最终剧本编写权与审定权，这可以防止好莱坞的编剧将这个故事改编得面目全非。还有，罗琳坚持在电影中启用英国本土演员，她完全不希望这部片子里所有的演员虽然都在扮演英国人，但是却操着一口流利的美式英语。

当版权的事情确定下来之后，华纳公司便开始着手寻找合适的导演。由于"哈利·波特"将会是一部儿童题材的影片，因此，电影公司方面希望能够启用一位对这种题材驾轻就熟的优秀导演。电影鬼才史蒂文·斯皮尔伯格曾经是备选人名单中的一员，这位永远都充满着奇思妙想与独特视角的导演曾经出产过许多发人深省的优秀作品，比如《辛德勒名单》，比如《紫色》。不过后来出于一些不太明确的原因，斯皮尔伯格并没有成为《哈利·波特与魔法石》的电影版导演。有传言说，斯皮尔伯格只是觉得罗琳给导演可以发挥的权限实在是太少了，于是只能放弃了这部影片的拍摄，改接了华纳的另外一部电影。

又经过了很长一段时间的甄选，导演最终被确定为克里斯·哥伦布。克里斯·哥伦布也是一位著名的美国籍导演，是注重细节的处女座。哥伦布导演最辉煌的成就之一，就是他在 1990 年指导的儿童电影《小鬼当家》，这部电影令他家喻户晓，同时也让小主演麦考利·卡尔金一跃成为时下炙手可热的童星。对于能够让哥伦布导演来指导拍摄《哈利·波特与魔法石》，罗琳本人也表示十分赞同。罗琳本人也十分喜欢《小鬼当家》这部影片，她觉得哥伦布能够很好地驾驭儿童影片的节奏，之前的经验能够让哥伦布的作品更容易被小观众接受。此时的罗琳早已今非昔比，她如今腰缠万贯，不会再为吃饭与住宿发愁，所以，罗琳更重视的是电影拍摄出来的效果，而不是拍摄会花费多少钱。

导演确定下来之后，他们就开始着手寻觅合适的演员。罗琳心中有着很完整的哈利形象，因此，这让角色甄选变得十分困难。哈利的角色需要是一个有着腼腆气质、年龄在 11 岁上下的小男孩，虽然符合条件的小演员很多，但是每一个都无法尽如人意。直到一次机缘巧合，才使得哈利的人选被最终确定。

有一次，华纳兄弟驻英国的代理人大卫·海曼与他的助手艾伦·雷德克里弗来到一家剧院处理一些工作事务，他偶然见到了艾伦的儿子。当大卫·海曼看到这个男孩的时候，他再也没法集中精力去处理手头的事情。那男孩大概 10 岁左右的年纪，有着瘦弱的身体与腼腆的笑容，性格安静，举止彬彬有礼，完全就是哈利·波特的最佳人选！

这个男孩就是艾伦·雷德克里弗的儿子，丹尼尔·雷德克里弗。大卫·海曼立即放下手头的工作，他先是询问了丹尼尔是否对拍戏有兴趣。小丹尼尔表示自己很喜欢拍戏，而且他也曾经在其他影片中饰演过角色。大卫·海曼立即带着丹尼尔去找罗琳，罗琳看到丹尼尔之后也十分满意，她觉得这就是自己一直要寻找的孩子。而更加巧合的是，丹尼尔的生日是 7 月 31 日，罗琳与哈利的生日都是 7 月 31 日，他们三个人的相遇仿佛是冥冥中注定好了的。

哈利的角色敲定之后，其他的角色也都相继被选定出来。学习尖子生赫敏·格兰杰的扮演者名叫艾玛·沃特森，时年只有 9 岁。艾玛有着一头柔顺的棕色卷发，闪亮的大眼睛，长相甜美，就连罗琳都觉得艾玛比起书中的赫敏要可爱多了。而罗恩·韦斯莱的扮演者鲁伯特·格林特倒是叫罗琳觉得十分符合原著形象，一头乱糟糟的红头发，性格大大咧咧，具有天生的幽默感。

除了主演的三位小演员之外，其余的成年人角色全部按照罗琳的意思启用英国本土演员，就连大名鼎鼎的英国演员玛吉·史密斯（霍格沃茨魔法学校麦格教授的扮演者）以及曾经出演过《辛德勒名单》的拉尔夫·范恩斯（复活后的伏地魔的扮演者，由范恩斯扮演的这个角色于电影版的第四部中登场）也都应约加入了这部影片的拍摄。在整个剧组演员当中，只有德文·莫雷（哈利在霍格沃茨的同学西莫·斐尼甘的扮演者）和理查德·哈里斯（霍格沃茨校长邓布利多的扮演者，哈里斯先生饰演了电影版前两部的邓布利多，之后于 2002 年 10 月去世）是爱尔兰人，扮演霍奇夫人的佐依·沃纳梅克则是演员阵容中唯一的美国人。

由于前期筹备的时间比较长，当"哈利·波特"系列的第一部电影全球公映的时候，"哈利·波特"的小说已经出版到了第四本。在拍摄过程中，导演与全体演职人员都经历了许多十分严苛的考验，比如由于主演都是未成年人，剧组每天的拍摄时间都有着严格的掌控，因此造成进度十分缓慢。即使有着如此多的困难，《哈利·波特与魔法石》的电影版最后还是取得了9.5亿美元的巨额票房神话。

罗琳与大卫·海曼都对这票房数字始料未及。随着电影的大热，罗琳的读者群体也在不断地疯狂扩大，这股魔法之风瞬间席卷了全球，魔法小男孩儿哈利·波特与创造他的"魔法母亲"J.K.罗琳都成为了全球范围内家喻户晓的名字。哥伦布导演只指导了"哈利·波特"系列电影的前两部，从第三部《哈利·波特与阿兹卡班的囚徒》开始直到终结篇《哈利·波特与死亡圣器》，期间一共更换了三位导演。基于故事的结局走向愈发黑暗，"哈利·波特"系列电影已经不能仅仅被定义为单纯的儿童影片，最后一位来自英国本土的导演大卫·叶茨总算是为全球"哈迷"们交出了一份比较满意的答卷。

第十三章　19年后

——在成功光环下淡然自处

头上越来越多的光环并没有使罗琳失去初心，她依旧热爱着阅读与写作，试图为大家创作更多有趣的故事。罗琳再婚，终于有了一个幸福的家庭与全心全意守护她的丈夫。她热衷慈善事业，因为她深知身处苦难时的痛苦感受。她淡然处世，希望成为世界上最自由的作家。

第一节　拥有自己的房子

　　小说与电影的成功除了带给罗琳享誉全球的名声之外，更多的是带来了实打实的金钱。回想曾经带着女儿杰西卡住在毛坯房的日子，罗琳总是忍不住有些后怕。幸亏自己获得了亲友的鼓励，在那一段艰难黑暗的岁月中没有被困难压倒，而是一直坚持到了最后。如果当初在那个家徒四壁的房子里，罗琳放任自己的压力漩涡将最后的理智慢慢吞噬，她是否还能像现在一样享受生活，就真的是个未知数了。

　　凭借"哈利·波特"系列小说与电影成为全英国最富有的女人之一的罗琳，在拿到大笔金钱之后最先做的事情就是购置一套像样的房产。贫穷的日子带给人最大的威胁就是没有安全感，那种风雨飘摇的生活简直不堪回首。罗琳选中了一套位于爱丁堡榛子堤院的公寓，房子布局规整，宽敞明亮，每座公寓楼门前都有一个小花园。在这里住的人多数都是中产阶级，环境安逸祥和。这套公寓是真正意义上完全属于罗琳自己的公寓，她迫不及待地将这里装饰了一番，还将阁楼改造成了一间办公室，这样她就可以在这里进行创作，而不致受到外界的干扰。还有一件事情令罗琳十分开心，那就是她的女儿杰西卡在 5 岁的这一年终于拥有了属于自己的独立房间。眼前这些东西都是她们之前无法想象的。

榛子堤院的生活让罗琳感到舒服，女儿杰西卡就在这附近的克拉克劳哈特小学上学。每天早上，罗琳把女儿送到学校之后就返回自己的办公室。在女儿放学回家之前，这一整天的时间都是属于罗琳自己的。她可以在家里的办公室中继续完成"哈利·波特"的写作，没有灵感的时候她就会去街区附近的地方闲逛，有时候去小公园散步，有时候去商店买东西，有时候去咖啡馆发呆。

罗琳母女的生活逐渐步入正轨，罗琳当初采用 J.K.罗琳这个笔名的做法在这一段时间里成为了明智之举。因为她们的邻居们一直到好长时间之后才知道，这个每天都与自己打招呼聊天的单身母亲，就是时下大名鼎鼎的"哈利·波特"的作者。

只有经济收入有了保障，人才会有享受生活的资本。罗琳跟女儿一起开始饲养一些小宠物。罗琳小时候就十分喜欢宠物，不过那时候她还小，没有太多的自由。比如她与黛安娜曾经十分想养一只长毛兔，安妮却拒绝了这个要求，于是她们姐妹俩只能靠想象力让自己相信她们真的有一只兔子宠物。

罗琳先是养了一只猫，之后便一发不可收拾。她们又养了垂耳兔、热带鱼以及天竺鼠。罗琳与杰西卡把自己的家当成了宠物的乐园，于是，罗琳每天的任务除了接送杰西卡上下学与写作之外，又多了一个照顾动物的艰巨任务。不过罗琳对于这件事情并不擅长，这就像她不擅长做家务一样，很快，罗琳就不敢再往家里弄宠物来养了。

罗琳现在几乎每一天都跟杰西卡在一起，只有当她需要为宣传自己的新书而去其他地区的时候，才不得不与女儿分开一段时间。罗琳对于签售活动与其他粉丝见面的活动并不是很喜欢，原因是她觉得让那些读者生生等上好几个小时，只是为了看自己一眼。在这种活动中，大多数的读者其实根本得不到自己的签名，这件事情一直让罗琳的内心感到愧疚。因此，每次开签售会的时候，她都会铆足了劲儿为书迷签名，有的时候甚至一天能签上 1500 多本书。

随着收入的不断增加，加之榛子堤院的很多邻居都知道了罗琳就是那个名声大噪的女作家，罗琳便开始考虑着是否应该更换一个更好的居住环境。后来，罗琳物色到一所位于爱丁堡著名富人区莫切斯顿的乔治亚风格大宅。罗琳买下了那里的房子，很快就带着女儿搬了进去。她们母女在新房子里继续着从前那种有规律的生活，只是换了个居住地点。

随着罗琳的名气越来越大，她的读者也越来越多，很多人给她写信，连邮箱都快要被撑爆炸了。一开始，罗琳都会亲自给那些读者写回信，虽然那些信件的开头通常都是"亲爱的罗琳先生"。当信件多得犹如小山一般的时候，那个场景光是看上一眼就会让人觉得望而生畏。于是，罗琳意识到凭自己一个人根本无法看完这些信件，只好雇用了一个秘书，专门帮助她打理这些信件的事情。

她们在莫切斯顿并没有居住太长的时间，罗琳的收入又水涨船高了一大截。经过一番考虑，她最终在 2001 年的时候买下了一座更大的房子，那是位于苏格兰珀斯郡的切莉莎斯别墅。罗琳给杰西卡雇用了一位保姆，虽然她更希望能由自己来照顾女儿的一切，但是繁杂的工作实在令她无法抽身。

在搬到这幢大别墅之后，罗琳变得愈加忙碌，但是充实感与安全感一直萦绕在她和女儿的身边，罗琳再也没有出现过那种对未来无比迷茫的困扰，虽然在这幢大别墅里，只有罗琳与女儿相依为命。罗琳没有考虑过自己是否还会开展一段新的恋情，因为她对眼前的这种生活已经感到无比满足。

第二节　第二段婚姻

　　罗琳的事业发展如日中天，但是偶尔也会有一些让她无比厌恶的人或事出现，比如她的前夫、杰西卡的亲生父亲乔治·阿朗特斯。自打罗琳遭遇乔治的家暴、带着女儿离家出走后，他们一直都没有见过面，就连离婚程序都是依靠双方的代理律师来完成的。这么多年过去了，乔治没有再露面，也没有问过任何关于罗琳与杰西卡生活状况的问题。他们仿佛一下子变成了陌生人，罗琳本人也只是把杰西卡当作是上帝赐给自己的礼物。

　　但是当罗琳的名气逐渐大起来之后，乔治就不怎么愿意再保持沉默了。作为名人，总是要负担被小报记者调查私生活或过去不幸经历的压力，创造了一个魔法世界的罗琳也没有逃过这一劫。某个八卦小媒体不知道通过什么途径寻找到了乔治·阿朗特斯，并与他取得了联系。乔治被邀请去参加一档脱口秀节目，谈论的主题就是他与罗琳结婚那几年的生活状态是怎样的。乔治收了钱，更多的也是为了借着罗琳的名气为自己谋求一些利益。他在电视里大言不惭地表示，他本人是《哈利·波特与魔法石》手稿的第一个读者，并且在当年，他为罗琳的写作事业说出了相当多的鼓励话语。他认为自己是罗琳成功道路上一个十分重要的人物。后来，乔治甚至还出了一本书，专门描述这些虚假的故事。

乔治的说法让罗琳感到愤怒不已，当有人问到她关于这些事情的真实性的时候，罗琳予以了坚决否认。她明确表示，就算其他事情的真伪暂且不说，《哈利·波特与魔法石》手稿的第一个读者是自己的妹妹黛安娜，并不是乔治·阿朗特斯。那是在罗琳离开葡萄牙、回到爱丁堡妹妹家的那天晚上，她将自己一直都在修改的手稿拿给了妹妹看。

这件事仿佛勾起了罗琳一直不愿面对的那段不幸回忆，那几天她完全无法静下心来进行写作。即使到了自己喜欢去的咖啡馆，也会一直呆坐上两三个小时，却一个字都想不出。为了缓解这种压力，她打算从消费中获得一些乐趣。以目前罗琳的身家来看，她绝对有能力做这件十分奢侈的事情。

那几乎是她生平第一次走进那么奢华的珠宝店。罗琳的脑中对于珠宝几乎没有任何概念，她的主要目的是为了排解心中的压力，于是二话不说买下了一枚由绿色玉石制成的大戒指。那应该是那家珠宝店里最昂贵的东西了，罗琳没有犹豫就将那枚戒指买了下来，同时还为自己的两个女性朋友购买了一些礼物。做完这件事情之后，罗琳感到心情舒缓了许多。她在内心自嘲，看着那枚大戒指觉得有些好笑，这是她成名以来除去房产之外买的最贵重的东西。不过这枚戒指在购置之后也没有几次机会来发挥它的装饰作用，因为那戒指实在是太大太沉了。

对婚姻有些失望的罗琳，一度认为只要一直进行文学创作并且能够待在女儿身边，这就是她对人生最大的满足感了。不过既然罗琳曾经遭受过那么多的磨难，如今上帝肯定不会亏待她。就在罗琳觉得自己不可能再结婚的时候，她遇到了一位麻醉科医师。

他们是在一次私人聚会上相识的，这位麻醉科医师的名字叫作尼尔·默里，是一位脾气十分温和的绅士。他们第一次见面的时候，尼尔的笑容给罗琳留下了深刻的印象。他笑得有些腼腆，他戴着眼镜，动作显得拘谨僵硬，这是尼尔在女士面前惯有的表现。尼尔有着一头深棕色的卷发，由于医生这个职业的关系，他的头发被修剪得很短，尽管如此，那些自然卷发还是凌乱地纠缠在一起。尼尔的笑容与乱发很自然地让罗琳想到了自己笔下的哈利·波特。在他们初见的时候，尼尔并不知道眼前的这位女士就是畅销作家 J.K.罗琳。他们对彼此的印象都非常好，于是很自然地留下了对方的联系方式。

基于前一次婚姻的失败经历，罗琳在这一次表现得十分冷静谨慎。每次出去约会，他们都只是像普通朋友那样吃吃饭聊聊天。这样的交往持续了很长一段时间，罗琳最终解除了内心的防御系统。尼尔独立，有主见，也十分具有责任感，与她之前遇到的那些人都完全不同。她在这个人的身上看到了乔治·阿朗特斯完全不具备的品德。更叫人觉得有趣的是，尼尔在他们相识了好一阵子之后才真正了解到罗琳的职业，并为这个意外的消息狠狠地震惊了一番。

2001 年圣诞节的第二天，罗琳与尼尔·默里举行了婚礼。之后，他们就带着杰西卡在罗琳于苏格兰新买的那所大别墅里共同生活。尼尔很喜欢孩子，他对杰西卡也十分有耐心，就像杰西卡是他亲自养育了好几年的乖女儿一样。2003 年 3 月，他们的儿子戴维出生了。2005 年 1 月，他们的小女儿麦肯齐也降生到了这个世界上。罗琳与杰西卡的生活不再只是孤单的两个人，她们现在有一个五口之家，杰西卡有了疼爱自己的爸爸，还有了弟弟、妹妹。罗琳在这栋房子里继续着自己的魔幻世界之旅，而她的家人们正在用爱相互扶持着，幸福地度过每一天。

第三节　新题材小说再次出版

　　2007 年 7 月 21 日，《哈利·波特与死亡圣器》正式出版，这也意味着"哈利·波特"系列故事已经全部结束。这个耗费了罗琳十数年心血的鸿篇巨著在帮助她完成自己的人生目标的同时，也为她带来了丰厚的回报与幸福的生活。对于"哈利·波特"，罗琳一直心怀感激。这并不仅仅体现在商业价值上，更多的是"哈利·波特"曾经支持罗琳度过了生命中最最黯淡的岁月。

　　除了"哈利·波特"的正篇小说之外，罗琳还出品了一些与"哈利·波特"相关的周边书籍。这些书籍多半都是在"哈利·波特"的小说中提到的魔法书籍，比如《神奇动物在哪里》与《神奇的魁地奇》。这两本书虽然都由罗琳亲自创作编写，但是由于当时"哈利·波特"系列小说刚刚出版至第四本，基于许多规定上的原因，罗琳决定使用其他的假名来出版。反正这两本书是哈利在霍格沃茨魔法学校上学时所使用的教科书，即使标注它们都是由巫师们编写的也在情理之中。于是，

《神奇动物在哪里》一书的作者变成了曾经在魔法部神奇生物管理控制司工作过的纽特·阿蒂米斯·菲多·斯卡曼先生，这是一本在魔法界被再版过 52 次的畅销书。而《神奇的魁地奇》则是由肯尼沃斯·惠斯普撰写，他是风靡魔法世界的魁地奇球专家。就连出版这两本书的出版社布鲁斯百利出版公司与斯科拉斯蒂克出版集团，它们的名头都被更改成了更适合魔法世界的叫法——朦胧书社与魔力书社。

再后来，罗琳又出版了一本名叫《诗翁彼豆故事集》的书。这是一本类似于麻瓜世界的《伊索寓言》一样的书籍，其中包含的 5 个小故事在魔法世界里家喻户晓、妇孺皆知。《诗翁彼豆故事集》不仅是一本魔法世界的家长教育子女时使用的寓言类书籍，更重要的是其中的某些故事里隐藏着非常重要的线索，而哈利与他的两个好朋友赫敏、罗恩最终发现了这个线索，并依靠这条线索找到了打败伏地魔的方法。

除了以上三本书之外，罗琳还曾经手写过一个被称为《哈利·波特前传》的冒险小故事。内容极其短小，讲述了哈利的爸爸詹姆·波特与自己的好朋友小天狼星的冒险故事。故事由罗琳亲手写在一张明信片上，并签上自己的名字。当时还有其他 13 位作家也进行了这种创作形式，他们的明信片被一同拿到拍卖会上拍卖，所有的收益全部捐献给了慈善事业。

在"哈利·波特"系列的大结局问世之后，罗琳曾经表示过自己不会再进行这个故事的相关创作，她希望能够涉猎一切其他的小说题材，比如适合成年人阅读的小说。罗琳并没有表示自己会放弃儿童文学的创作，但是她希望大家能够知道自己并不仅仅是儿童文学的专家。

2012 年，罗琳的第一本成人小说《偶发空缺》（英文名为" The Casual Vacancy"）全球发售。这个故事一改"哈利·波特"时期的幽默笔法，主题也不再是正义战胜邪恶那般直白。罗琳在《偶发空缺》中虚构了一个小镇，在这里，成人世界的脏污将在读者的眼前一览无遗。当帕格镇的议会席位出现一个空缺的时候，一直看似平静的小镇立即掀起了激烈的争夺大战。对家人诉诸暴力的男人、人前衣冠楚楚的副校长、对年轻俊男春梦不断的中年妇女、瘾君子、妓女、不良少年……这个小镇就像是一个社会的缩影，一个个让人头疼不已的角色却恰恰存在于你我的日常生活之中。所有的事件皆因那个空缺席位而起，罗琳用自己的方式讲述着一个成人世界的黑暗故事。

到目前为止，这本书已经发行了大约 4 个月的时间，全球累计销售超过百万册。有很多人觉得，罗琳的这本《偶发空缺》似乎并没有像之前的"哈利·波特"系列那般具有可读性，这也许是因为《偶发空缺》是一个严肃题材，已经不能再简单地将其划分到畅销书的行列之内。也许，罗琳的转型之路还很长，但《偶发空缺》无疑是一次良好的开端。有过复杂经历的人才会有好故事，在这一方面，罗琳很有发言权。

有罗琳的地方，话题就永远都离不开"哈利·波特"，这是一件无法避免的事情。而对于罗琳本人来说，"哈利·波特"确实是她生命中的一个重要里程碑。在完成了首部成人小说《偶发空缺》之后，罗琳一改之前的态度，公开表示自己很有可能会继续"哈利·波特"系列的创作，但继续的前提必须是她能够获得令自己精神振奋的故事灵感。

这条消息出现在 2012 年 10 月的一次英国 BBC 访谈节目上，罗琳对于《哈利·波特与死亡圣器》的大结局并不是很满意，因为当时时间仓促，她只能选择这样的结局。当哈利与小伙伴们各自的命运最终落在罗琳面前的纸张上的时候，罗琳兀自痛哭了好久。那些原本只存在于文学作品中的人物，在十几年之后的今天仿佛已经变成了现实中真真正正存在过的人。他们为了守护同伴而选择自我牺牲，这让罗琳觉得好像是自己亲手杀死了他们。如今，《偶发空缺》已经完成，罗琳有更多的时间酝酿新的故事，她希望能够完成"哈利·波特"系列小说第八本与第九本的创作，给"哈利·波特"一个令人满意的大结局。

第四节　热衷慈善的 J.K.罗琳

　　富裕起来的罗琳并没有忘记自己曾经的那些苦难经历。她在成名之后，一直希望能够运用自己的名气与财富帮助那些非常需要帮助的人们。因此，当一个叫作"笑声援助"的组织向罗琳发出邀请之后，罗琳立即就做出了回应。

　　"笑声援助"这个慈善组织最初是在 1985 年于苏丹的一处难民营里组织起来的。最开始，这个组织的目的是为非洲地区以及世界各地饱受战争困扰的人们或者受到虐待与残害的人们募集物资帮助的。由于这个组织通常都会通过喜剧义演的形式来筹措资金，因此他们被称为"笑声援助"。来自世界各地的喜剧演员及娱乐圈明星都会加入这个组织帮助募集善款，这样的活动大概一年会举行一次。在英国的时候，"笑声援助"还曾经帮助过受到家庭暴力虐待的妇女。

　　这一点令曾经一直是单身妈妈的罗琳感触很深。那阵子，英国政府对于单亲母亲的苛刻态度令罗琳饱受煎熬，她一度身陷的抑郁困扰也是从那个时候开始的。因此，罗琳立即决定回应这个组织的邀请，利用自己的能力尽可能地去帮助那些单身母亲以及她们的孩子。之前提到过的两本书《神奇动物在哪里》与《神奇的魁地奇》就是为了"笑声援助"而创作的，其中不止有罗琳亲自撰写的文字部分，更包含罗琳的手绘插画。书籍上市之后旋即被抢购一空，而这两本书全部销售额的80%都捐献给了"笑声援助"，其余剩下的20%也只是作为印刷成本使用。

罗琳对于单亲家庭的关爱总是显得尤为热衷，因为她当年的那段经历实在叫人难以忘怀。2000年的时候，罗琳出任了"单亲家庭委员会"的形象大使，并以个人名义为这个组织捐款75万美元（约折合50万英镑）。她希望能尽自己的一份力量，为那些本就已经困苦不堪的单亲家庭带来一丝安慰。至少，她不希望社会舆论与现实生活再一次将一个个困顿的破碎家庭逼入绝望的深渊。

除了单身妈妈的经历之外，罗琳还有一段无法忘记的回忆，那就是母亲的病逝。硬化症这种疾病光是在英国地区就已经夺去了无数人的生命，这种疾病目前尚无法治愈，病人只能在痛苦与绝望中去世，而他们的家人也只有眼睁睁地看着亲人的痛苦却无可奈何。

2001年4月，在罗琳的倡导下，多发性硬化症协会成立了一家资源中心。罗琳本人就是这个资源中心的资助人，她希望通过这个组织的研究，能够发现针对硬化症控制与治疗更多的药物或方法。硬化症在苏格兰的发病率并不低，却一直没有受到足够的重视，研究资金也一直匮乏。罗琳为了让更多人了解到硬化症的危害，并呼吁社会各界关注硬化症病人，还特别在《苏格兰周报》上发表了一篇回忆自己母亲的文章。在那篇文章里，罗琳讲述了那段自己一直不愿提及的经历。由于没有足够的钱请医生到家里诊治，而母亲的身体状况又无法开车去医院就医，年轻的母亲只好独自在家中忍受疾病的折磨。她的行走通常只能依靠爬行，而到了硬化症后期，连爬行都很难做到。在母亲去世之前，她没有得到任何医疗救治。

罗琳的文章在那一段时期引起了许多人的共鸣，他们中的大多数都是硬化症病人或者是病人的家属。罗琳希望依靠自己的能力可以使他们的生活境遇获得哪怕一点点的改变，希望母亲年轻早逝的悲剧不会再次发生在其他家庭里。之后，罗琳还为专门帮助癌症病患的组织捐过善款，起因是她的一个朋友被检查出罹患了癌症。

曾经经历过无数苦难的罗琳最终依靠自己的不懈努力获得了成功。即使她还会受到很多居心不良人士的烦扰，但对于从绝望中挣扎出来的罗琳来说，这简直不值一提。她热衷慈善，她的慷慨有目共睹，她爱着自己的丈夫与孩子，却对金钱并不是很在乎。这一点连她本人也曾经提到过："也许我这样表达自己对金钱的不屑，在别人看来会觉得我不知好歹，但这确实是真的。我放弃过许多能够赚大钱的机会，对于这些机会，我心存感激，但是我对那些并不感兴趣，因为我只想成为这个世界上最自由的作家。"

附

"哈利·波特"中那些你不知道的秘密故事

对于哈迷来说，"哈利·波特"中的世界无疑是一个真实存在的魔法世界。这个魔法世界有着自己的历史和发展轨迹，每个人都有不同的命运，每件事的背后也有着与之相关的一段传奇。作为曾经甚至现在依旧沉浸于魔法世界的一分子，你是否想知道，食死徒究竟是如何发展起来的？韦斯莱和马尔福家族的历史又有什么故事？纳威最后与谁结婚？小天狼星当时被抓捕时的心情是如何的？卢娜最后是否找到了真爱？……

有人曾说，罗琳女士对细节的入微描写和逼真的世界架构是引领我们进入魔法世界的灯塔，在这些细节的描绘中，我们可以真实地感触到魔法世界的一草一木，甚至是连人物的一个呼吸、一个动作，都能栩栩如生地展现在读者面前。而在书本之外，罗琳女士同样在孜孜不倦地为魔法世界填充内容、创造历史，有时人们甚至会认为，罗琳可能真的曾去过那个世界，否则她又为何能如此详尽地为我们展现出这样震撼人心的故事和情景呢？

无论如何，除了"哈利·波特"系列小说，还有许多渠道能帮助我们更好地了解魔法世界。比如罗琳女士的访谈、其他相关书籍的描写等，以及Pottermore（Pottermore是J.K.罗琳女士于2011年8月新推出的围绕"哈利·波特"书籍内容而建立的一个大型全球性网页社交游戏网站，目的在于带给全球哈迷一个新的社交体验。网站提供了"哈利·波特"系列 7 本小说的电子书和有声读物付费下载，网站还将推出超过 18000 字的附加内容，包括一些故事背景的细节和设置）中的信息，等等。

下面，就让我们开始重新进入魔法世界，看看那些隐藏在背后而不为人知的故事。

No.1 1995 年 8 月 2 日的傍晚，达力·德思礼遭到了摄魂怪的袭击，他看到了真实的自己：一个被宠坏和热衷于欺凌弱小的人，使其意识到他需要改变。所以在 1997 年与哈利分别时，他对哈利说了"你救了我的命，谢谢你"。战后每年他们都会互寄圣诞卡片，到 2017 年后会带各自的小孩探访彼此，见面时二人沉默，但小孩玩得很开心。

——罗琳访谈

No.2 莱姆斯·卢平在霍格沃茨就读时曾经非常喜欢莉莉·伊万斯，但一直埋在心底，从未与詹姆斯·波特因此相争。

——罗琳访谈

No.3 罗琳曾经打算让达力·德思礼拥有一个巫师小孩，但后来又认定弗农姨夫不会有任何魔法血统的 DNA。

——Pottermore

No.4 因为斯内普教授置他的校长职位于不顾，所以当他过世后，他的画像并没有直接出现在校长室里。哈利在战后向世间告知了西弗勒斯·斯内普真实的一面，他的忠心与他的英雄事迹。这样一来斯内普教授的画像才留在了校长室。之后，丽塔·斯基特写了一本关于斯内普教授的书《斯内普：恶棍还是圣人?》。

——罗琳访谈

No.5 除了莫丽·韦斯莱以外，纳威曾经是杀死贝拉特里克斯·莱斯特兰奇的候选人之一。

——罗琳访谈

No.6 斯内普教授一直对纳威很尖刻，原因是他暗自认为如果伏地魔当初听到预言后选择的是纳威而不是哈利的话，莉莉就不会遇难了。

——罗琳访谈

No.7 战后的那个夏天，纳威曾经和卢娜·洛夫古德有一段短暂的恋情。纳威最后与曾经的同学/DA 会员汉娜·艾博结婚了。婚后，汉娜成了破釜酒吧的女主人，然而他们是否有孩子罗琳并没有公布过。

——罗琳官网

No.8 战后，纳威的宠物癞蛤蟆莱福，最后逃到了霍格沃茨的湖中，实际上不论是纳威还是莱福都觉得终于解脱了。

——罗琳官网

No.9 战后，纳威曾短暂地作为傲罗工作了一段时间，后来成为了霍格沃茨的草药学教授。

——罗琳官网

No.10 毕业后，卢娜成为了一个著名的巫师界的自然学家，环游世界寻找奇怪的生物。她因而发现了很多从未被人发现的魔法生物并且将它们分类。但她依旧没能发现犄角兽，最后同意了前人认定其不存在的结论。

——罗琳访谈

No.11 卢娜后来嫁给《神奇动物在哪里》一书的作者纽特·斯卡曼德的孙子罗尔夫，罗尔夫也是自然学家，他们育有两个孩子——罗克和莱森德。

——罗琳官网

No.12 罗琳女士在访谈中曾经说道，卢娜恰好站在赫敏的反面。赫敏的逻辑总是理性的，并且不被主观所动摇，而卢娜则依照其意志为标准。卢娜虽然不是一开始就出现的角色，但却是罗琳塑造的最重要的七大角色之一，她一直能带给哈利很多安慰。哈利的小女儿，用卢娜的名字作为中间名，因为卢娜是他们很重要的朋友。

——罗琳访谈

No.13 小天狼星直到遇难也知道弟弟雷古勒斯·阿克托路斯·布莱克（中间名是其为了纪念其祖父）死亡的真实原因，不知道他弟弟所持有的信念，不知道与之相关的一切真相。

——罗琳访谈

No.14 1977 年左右，小天狼星和詹姆斯曾经卷入和麻瓜警察的摩托车追逐中。

——《哈利·波特前传》

No.15 小天狼星 1971 年 9 月 1 日进入霍格沃茨读书，被分入格兰芬多学院。二年级时他猜测出卢平的狼人身份，并开始研究阿尼玛格斯变形。五年级时他与詹姆斯·波特和小矮星彼得自学成为阿尼玛格斯，可变形成为一只像熊一样大的大黑狗。六年级时他绘制出活点地图。小天狼星和詹姆斯是那时候在学校最出名的学生。

——罗琳访谈及作品原著

No.16 罗琳女士在访谈中回应过小天狼星对莉莉没有恋爱般的情愫。在一年级去往霍格沃茨的火车上，他第一次见到莉莉时对其印象很差，并因此挖苦了莉莉最好的朋友西弗勒斯。莉莉因而离开了他们同坐的车厢。早年，莉莉认为小天狼星和他好朋友詹姆斯都是高傲的爱欺负人的人，后来加深了解，关系有所改善。

——罗琳访谈

No.17 在访谈中，当被问及哈利为什么没有教母时罗琳说道，因为小天狼星总是太忙，所以从来没有交过女朋友。小天狼星是詹姆斯与莉莉结婚时的伴郎，也是哈利洗礼上唯一被邀请的朋友（因为那时已经开战了）。

——罗琳访谈

No.18 第一次巫师大战中，小天狼星曾经猜忌地认定卢平是伏地魔派来的卧底，因而选择了信任小矮星彼得。

——罗琳访谈

No.19 骑士公共汽车的斯坦给哈利讲述小天狼星"杀死"一个男巫和十二个麻瓜时"就是站在那里大笑。等魔法部增援的人赶到的时候，他安静地跟着他们走了，一路上还在大笑"。罗琳接受访谈时曾表示，大笑是因为此时的小天狼星无法接受詹姆斯和莉莉遇难以及彼得才是叛徒的现实，心里有着难以承受的悲哀。

——罗琳访谈

No.20 罗琳女士在访谈中对小天狼星的评价是，一个我行我素、不顾后果的人，也是在成长中受阻而变得叛逆的典型案例。同样，她也说，小天狼星很勇敢、忠诚、鲁莽，因为阿兹卡班的牢狱之灾而受尽苦难地度过了一生。

——罗琳访谈

No.21 姓氏马尔福来自法语 mal foi，意思是"不忠实的"。它在法学中的定义是有恶意企图地渐渐破坏某事的一部分；在存在主义中，意思是人们将失败怪罪于外在因素因而否定自己行为所需负的责任。马尔福家族倾向于选择对其更有利，远于危险、责难的一方效忠，不一定坚定不移地持有一种价值。是投机主义者的一种。

——Pottermore

No.22 马尔福家族是一支古老的纯血统巫师血脉，像其他许多高贵的英国家族的祖先一样，阿曼德·马尔福跟随威廉一世，作为诺曼人军队入侵的一员而抵达英国。出于对威廉一世给予不为人知、隐蔽的（大概就是魔法）服务，马尔福被授予了在威尔特郡的一片极佳的赠地，于此在 1066 年后不久建造了马尔福庄园。

——Pottermore

No.23 尽管他们在巫师中对纯血观念的拥护，但为了财富，马尔福家族一向乐于迎合非魔法群体。这使他们成为了最富有的家族之一。几百年来，他们通过吞并那些邻近麻瓜们的土地来管理扩大着他们自己在威尔特郡的土地，奉承皇室来增加麻瓜的珍宝和艺术品，不断扩大收藏。

——Pottermore

No.24 马尔福家族因而迅速地为纯魔法血统家族获得了极好的声誉。通过讨好有钱有权的上流社会很快成为了他们中的一员。

——Pottermore

No.25 1692 年左右，马尔福家族已完全融入了英国麻瓜上流社会，并且成功参与麻瓜的货币市场交易和资产交易。然而《国际巫师界保密法》强行通过以后，他们很快断掉了其中所有的联系，并极力否认他们曾经对麻瓜社会的亲善。

——Pottermore

No.26 接下来的年代，马尔福家族运用从麻瓜界得来的财富开始笼络新建成的英国魔法部。但是没有信息表明，任何马尔福家族的成员曾经渴望成为魔法部部长，相反他们以金钱资助那些他们看上的候选人参加竞选活动，甚至会花钱对对手下手。

——Pottermore

No.27 在英国的马尔福家族有名望的人：尼古拉斯·马尔福（14 世纪），他被认为曾通过假装患有黑死病而摆脱了一群易怒的麻瓜房客，并逃脱了魔法部派来的委员会的审查。卢修斯·马尔福一世 （16 世纪）传言他是伊丽莎白一世失败的追求者，有历史学家分析伊丽莎白一世一生未婚是受了失败的卢修斯的诅咒。

——Pottermore

No.28 德拉科·马尔福是所有食死徒中唯一被伏地魔拥抱过的人。

——罗琳访谈

No.29 梅林在书中设定为中世纪的巫师（具体哪年不明），曾经是亚瑟王的挚友，主张维护麻瓜的权利。是魔法史上（有争议的）最伟大的巫师。另外霍格沃茨成立于公元 993 年。

——罗琳访谈

No.30 梅林的魔杖是英国橡木所制，杖芯未知，墓地未知，所以无法祭拜。梅林相信巫师们应该帮助麻瓜并与他们和平共处。为此他成立了梅林社致力于发展对麻瓜权益保护与反对巫师向麻瓜施咒。这与斯莱特林的出身显得很不对搭，但当时的斯莱特林并没有反对麻瓜的倾向。另外梅林非常擅长魔咒学。

——《哈利·波特》限量版

No.31 乔治·韦斯莱与弗雷德·韦斯莱生于 1978 年 4 月 1 日，出生在纯血统的韦斯莱家。是亚瑟与莫丽韦斯莱的第四个和第五个儿子。是的，你没看错，他们恰好在愚人节出生。这与他们的性格与命运也息息相关。

——罗琳访谈

No.32 在弗雷德·韦斯莱 5 岁时，因为罗恩弄坏了他的玩具扫帚，转而把罗恩的泰迪熊变成了一只巨大的蜘蛛。7 岁时，双胞胎兄弟差点和罗恩搞成了一个牢不可破的誓言（魔咒）。在他们童年时期，由莫丽·韦斯莱在家里教授他们基础知识，包括英文文法等。

——罗琳采访及作品原著

No.33 双胞胎兄弟是韦斯莱大家庭中唯二在学校里成绩并不优秀的孩子，他们俩合起来拿的 OWL（普通巫师等级考试）比其他人单人拿的还要少。但成绩不佳并不能就否认他们的优秀。他们在学校时非常受欢迎，开玩笑、发明和魁地奇是他们最擅长的事情。他们的笑料产品包括速效逃课糖等曾在学校大卖。

——作品原著

No.34 访谈中，罗琳女士曾被问及为何双胞胎在魁地奇世界杯开赛前和巴格曼打赌时知道爱尔兰会赢，但克鲁姆能抓住金色飞贼，罗琳回答说："不，他们并不知道，他们只是猜测。那是个冒险，他们的家庭里，珀西站在事事力求安稳的极端上，而另一端是兄弟俩热衷于在所有的事情上冒险。"

——罗琳访谈

No.35 罗琳女士曾被问及双胞胎兄弟是如何学会使用活点地图的，罗琳回答说："难道你……嗯……我当时是这样解释给我自己的，虽然听起来或许没有诚意。他们当时整天都在捣鼓这张破旧的羊皮纸，你知道地图能有所回应，于是地图带领他们越来越接近那条密语，最后解开了地图。"

——罗琳访谈

No.36 乔治·韦斯莱和弗雷德·韦斯莱，从小到大都形影不离地陪伴着对方，因而也没有受过大的伤。唯一一次是最后决战时他们分开在两处，那一次，弗雷德离开了人世，乔治失去了一只耳朵。

——作品原著

No.37 罗琳女士曾被问及失去弗雷德的乔治后来过得怎么样。罗琳说："乔治大概一辈子都无法释怀弗雷德的离去。" 弗雷德离开以后，乔治再也不能施守护神咒了，因为每一个快乐的回忆都和弗雷德相关。

——罗琳访谈

No.38 弗雷德·韦斯莱在 1998 年 5 月 2 日与食死徒交战中被奥古斯特·卢克伍德击毙，享年 20 岁。弗雷德·韦斯莱去世前说的最后一句话是在和并肩作战的哥哥珀西开玩笑。罗琳女士接受采访时表示，早在系列开始前她就决定了弗雷德的命运，也曾在早年采访中称莫丽将在与伏地魔的斗争中失去一个孩子。

——罗琳访谈

No.39 弗雷德·韦斯莱去世以后，乔治与好友安吉丽娜·约翰逊（魁地奇队队友，弗雷德在圣诞舞会上的女伴，据称舞会后一直保持恋爱关系直到毕业后未知）越走越近，后与其结婚，育有一子一女。其中大儿子继承过世的弗雷德的名字为弗雷德·韦斯莱。后在罗恩的帮助下，韦斯莱笑料店继续经营并获得巨大的成功。

——罗琳访谈

No.40 在《哈利·波特与凤凰社》中，乔治和弗雷德喝了增龄剂去报名参赛，原文这样描述："随着一声很响的爆裂声，两个人的下巴上冒出了一模一样长的白胡子。门厅里的人哄堂大笑。就连弗雷德和乔治爬起来，看到对方的白胡子后，也忍不住哈哈大笑起来。"没想到那竟是他们唯一一次看到对方变老的模样。

——罗琳官网

No.41 邓布利多教授遇到博格特时，博格特会变成他已经过世的妹妹阿利安娜·邓布利多。

——罗琳访谈

No.42 罗琳女士称制造泰迪·卢平这个角色的初因是与哈利这个角色相呼应的，他们都因为伏地魔的缘故失去了双亲。泰迪不是狼人，而是和妈妈唐克斯一样是易容马格斯（天生可以随意变换自己的外貌）。泰迪由祖母安多米达·唐克斯带大，教父是哈利·波特。与比尔和芙蓉的长女维克托娃·韦斯莱关系很好。

——罗琳访谈

No.43 由于飞路粉配方的严格管控，尝试自己发明出飞路粉都无一例外地失败了。根据圣芒戈医院的报告，每年至少发生一起伪劣制造飞路粉受伤案，正如医院治疗师兼发言人卢瑟夫·伯克在 2010 年时所说："拜托，一勺才两个银西可，别再向火里扔如尼纹蛇毒牙粉末了，也别再把自己炸出烟囱！再来我发誓不治了！"

——Pottermore

No.44 2004 年世界读书日论坛，有人问："哈利和戈德里克·格兰芬多有血缘关系吗？"罗琳回答道："人们总是很关心这个问题，或许他是的。"

——罗琳访谈

No.45 飞路粉由 13 世纪的伊戈娜蒂亚·威尔史密斯发明。它的制造被严格控制，英国唯一的持证制造商是 Floo-Pow（公司名），它的总部设立在对角巷，但从来没有透露过他的正门在哪里。飞路粉从未发生过制造短缺，也没人知道谁在制造，但过去一百年价格一直维持在一勺两个银西可。

——Pottermore

No.46 2500 亿美元=340 亿加隆，根据现在的汇率，也就是大约 42 元人民币等于 1 加隆。

——Pottermore

No.47 罗琳女士在访谈中曾被问及邓布利多为什么那么喜欢柠檬雪糕。罗琳答道："因为我喜欢柠檬雪糕，而邓布利多有不错的品位。"

——出版社 scholastic 的访谈

No.48 罗琳女士曾被问及为什么书中从未提及哈利给朋友的圣诞礼物，总是在说他收到了什么。罗琳答道："罗恩对他相当贫穷这件事相当地敏感，哈利也知道如果给罗恩太多礼物罗恩会很介意这件事。罗恩会感到尴尬如果哈利给他很好的礼物。"

——出版社 scholastic 的访谈

No.49 "有个看起来奇怪的问题，你会把你自己的故事读很多遍吗？" 罗琳女士答道："这个问题并不奇怪，我会不记得前面写过的细节，因而去翻前面的书，有时会比原定的多看几页，但我绝不会在休闲时看自己写的书，所以可能有成千上万的读者比我还了解我的书。但我知道将要发生什么和很多幕后故事。"

——罗琳访谈

No.50 在"后 HP 时代"的访谈中，罗琳女士被问及为什么一定要杀死海德薇。罗琳答道："失去海德薇这件事，对哈利而言意味着离开了天真无邪与安全的年代。海德薇对于当时的哈利几乎等同于可爱的玩具，伏地魔杀死了她，意味着哈利的童年生活彻底终结了。我很抱歉……我知道海德薇的离去使很多人都很难过。"

——罗琳访谈

No.51 1865 年骑士公共汽车、夜麒下掉个篮子和出租式扫帚被列为候选的公共交通方式，最后时任魔法部长杜戈尔德·麦克菲选择了这个较现代化的发明。尽管因为类似麻瓜想法而被纯血狂热者联合抵制与批判，对于那些对飞路粉过敏、晕幻影移形等巫师来说，只要在路边举起魔杖就总有骑士公共汽车出现因而广受赞誉。

——Pottermore

No.52 罗琳女士曾被问及为什么在厄里斯魔镜的房间，邓布利多教授可以发现穿着隐形衣的哈利。罗琳答道"因为邓布利多的魔力高强，可以施展无声咒，那时他施的其实是人形显身"。追问为什么纳吉尼也能看穿隐形衣，罗琳说："因为蛇的知觉与人类不同，它可以感知到在移动的热能量"。

——罗琳访谈

No.53 罗琳女士曾被问及莉莉对斯内普是否有过恋爱般的情愫。"当然，如果不是斯内普沉迷于黑魔法，莉莉甚至会爱上他。""或许回到过去再做选择他不会成为食死徒，但是作为缺少安全感的人，他向往一个强大的组织。他想要莉莉，也想要黑魔法，他在黑魔法的路上走得太远，误以为成为食死徒的话莉莉会为他骄傲。"

——罗琳访谈

No.54 作品完结后，罗琳女士曾被问及斯内普是否一直打算成为一个英雄角色。"(停顿)他是英雄吗？你看，我并不真的把他当作一个英雄。即使到了最后，他的性格中依旧掺杂着对他人的恶意和欺负别人的意图。呃，但是他勇敢吗，当然，而且是非常地勇敢。"当人们追问如果他不爱莉莉，他是否会试图保护哈利。"不，完全不会。"

——罗琳访谈

No.55 塞普蒂默斯·马尔福，在 18 世纪晚期曾对魔法部有着巨大的影响，很多人相信时任魔法部部长昂琦斯·奥斯伯特不过是他的傀儡而已。阿布拉克萨斯·马尔福被非常多的人相信是在暗中致使史上第一个麻瓜血统的魔法部部长诺比·勒奇过早地离开岗位的一员（当然，没有任何证据支持这件事）。

——pottermore

No.56 阿布拉克萨斯的儿子卢修斯·马尔福是个臭名昭著的食死徒，在伏地魔两次失势后都顺利躲避过牢狱之灾。第一次他在调查开始之前就宣称他是受了夺魂咒的控制，而第二次他提供了很多线索并帮助魔法部追捕在逃的食死徒。

——Pottermore

No.57 罗琳曾被问及为何佩妮一家是哈利唯一的亲人。"他祖父母也被杀了吗?""没有,作为作者我更关心人物对情节的重要性。哈利的父母重要吗?当然。祖父母呢?并不。我无情地处理掉了其他家庭成员,让他只拥有姨妈这个亲戚。莉莉的父母属于自然死亡,詹姆斯的父母老来得子,独生子,因而宠溺孩子也正常。自然是因巫师病症死亡。"

——罗琳访谈

No.58 罗琳女士曾提及伏地魔的母亲使用迷情剂去引诱其父亲,更接近于以一种象征意义的手法来表达他本来就来自一个没有爱的家庭,但当然如果梅洛普没有因难产而死,而是活下来对他充满母爱地养育他长大,这自然就会造成完全不同的结果。老汤姆被以这种强迫的施咒方法成为父亲,也是导致这种结果的来源。

——罗琳访谈

No.59 罗琳女士曾被问及既然伏地魔从未告诉别人他的魂器,为什么雷古拉斯·布莱克会发现此事。"魂器不是伏地魔发明的魔法,只是没人做到他那么多。伏地魔太过于高傲,相信没人会知道这种高深的魔法。而雷古拉斯对他如此确认自己不会死而起了疑心,他以前听说过这种魔法,后来经过查证,他猜对了。"

——罗琳访谈

No.60 据罗琳女士称:"邓布利多教授会讲人鱼语和妖精语,可以理解蛇佬腔。他是个才华横溢的巫师。"

——罗琳访谈

No.61 "我对哈利用了钻心咒感到很失望,他在当时似乎很享受他释放痛苦给他人,为什么会这样?哈利从来不是圣人,如同斯内普。他有缺陷,是个凡人。他最大的缺点在于容易愤怒以及有时过于自大。在这个场合他出离

259

愤怒并将这情感表现出来。处在一个很危险的场合里，他确实也很努力想保护身边的人远离谋杀和暴力。"

——罗琳访谈

No.62 罗琳女士曾被问及活点地图后来落到哈利哪个孩子手里了。"我想哈利并没有给他们任何人，但是大儿子詹姆·小天狼星·波特有一天偷偷从哈利书桌的抽屉里带了出去。"

——罗琳访谈

No.63 传说中分院帽曾属于戈德里克·格兰芬多，而后被四巨头联合施法以确保学生按照他们不同的选择取向而被分到适当的学院里。包含着四巨头智慧的分院帽是绝大多数巫师一生中遇到的被施咒的物体中最聪明的一个。它能通过帽子边缘的裂缝与人交谈并擅长摄魂取念，因而可以看穿戴帽者的头脑，推测能力与情感。

——Pottermore

No.64 不过分院帽从来不承认自己将学生分到了错误的学院。即便是对行事无私的斯莱特林，挂掉所有科目的拉文克劳，表现懒惰却成绩优异的赫奇帕奇与怯懦的格兰芬多，分院帽都会依旧坚定不移地支持自己最初的决定。

——Pottermore

No.65 Hatstall 意思是分院帽对新生花了超过 5 分钟的时间来决定学院。这样长的时间权衡大概 50 年会出现一例。对于子世代而言，分院帽花了大概 4 分钟时间决定让赫敏去拉文克劳还是格兰芬多。而纳威，出于对格兰芬多出了名的勇气的恐惧而请求将其分到赫奇帕奇。长时间的沉默和争执最后还是维持了分院帽的决定。

——Pottermore

No.66 罗琳女士曾被问及闪闪后来怎样了。"她留在霍格沃茨了，她是在最后的大战中攻击过食死徒的家养小精灵之一。"

——罗琳访谈

No.67 罗琳女士在访谈中被问及赫敏后来是否致力于家养小精灵权益促进会，家养小精灵们的生活是否因此变好。"赫敏毕业后进入了魔法部神奇生物管理司工作，在她的努力下，极大地改善了家养小精灵及其亲属的生活。之后她进入了魔法部法律执行司，作为改革派不断发声，为那些有偏见的、支持纯血统论的法律的废除起到了积极的推动作用。"

——罗琳访谈

No.68 战后第二年，在新魔法部长金斯莱·沙克尔允许下，没有 N.E.W.T（超级疲劳轰炸式巫术测验）成绩但参与过大战的哈利成为傲罗（伏地魔虽然被消灭了，但不代表世界上就再也没有做坏事的黑巫师了），并在 2007 年时年 27 岁的他成为史上最年轻的傲罗指挥部主任——并不是通过任何腐败行为升至此职，而是他确实擅长并适合此事。

——罗琳访谈

No.69 战后，罗恩帮助乔治一起经营韦斯莱笑料店并赚了大钱。后来进入了魔法部，和哈利一起做傲罗。同时罗恩是詹姆·小天狼星·波特的教父。战后某年，罗恩和赫敏结婚并育有两个孩子罗斯和雨果。在 2017 年 8 月，他拿到了麻瓜驾驶执照，不过考证时他对教练施了混淆咒，因为他忘记看后视镜了。

——罗琳访谈

No.70 在魔法部的哈利，与后来也成为傲罗的罗恩，以及后来升入魔法部法律执行司高职的赫敏的帮助下一同协助了魔法部的改革与重组。同时，哈利、罗恩、赫敏三人都上了巧克力蛙的巫师卡片，而罗恩将此称为他的光荣时刻。

——罗琳访谈

No.71 罗琳女士在"哈利·波特"第五部小说发布以后参加访谈被问及德赫配对的可能性，她答道："不！大家都很喜欢汤姆·费尔顿，但问题是德拉科不是汤姆！我女儿也很喜欢汤姆，因为他教了她如何玩 diablo（一款游戏）"。

——罗琳访谈

No.72 金妮是韦斯莱家在近几代里出生的第一个女孩，所以被看作极其富有天赋。第 7 个孩子的"7"字也同样有这样的意味。我认为金妮作为 16 岁的孩子在最后大战中表现了强大的魔力，战后，金妮在圣颅岛女头鸟队作为著名的球员打了几年魁地奇球，为了家庭退役之后，成为了《预言家日报》高级魁地奇记者。

——罗琳访谈

No.73 《哈利·波特》完结后，罗琳女士曾被问及闪闪还在每天喝很多黄油啤酒吗。罗琳答道："她已经戒掉很多了，不再酗酒了。"

——罗琳访谈

No.74 罗琳女士曾被问及莫丽作为杀死贝拉的原因，她答道："第一，我们总是看到莫丽在厨房里或者大部分时间在养育这群孩子，我想展现她特别的时刻。因为一个把自己奉献给家庭的女人，并不代表她在其他方面没有天赋。第二，贝拉对伏地魔有一种痴狂的迷恋，而莫丽则总想展现她的浓郁的母爱。我很想把她们放在一起比较。"

——罗琳访谈

No.75 罗琳女士曾被问及为什么邓布利多不直接把一切告诉哈利，她答道："第一，纵观七本书，哈利最大的缺陷是冲动鲁莽，他行动前总不会思考，所以邓布利多希望在这些线索下的进程虽然缓慢但可帮助哈利得到更多智慧。第二，哈利无法进到校长室，而邓布利多在其他地方没有画像，所以无法交流。第三，直接说了，故事就没看头了。"

——罗琳访谈

No.76 罗琳女士曾被问及哈利父母及其朋友毕业后什么工作，她答道："可怜的莱姆斯一直没有工作，因为没有人愿意给狼人提供工作。所以被邓布利多聘用以前，他真的穷困潦倒。而詹姆斯、莉莉、小天狼星则是凤凰社的全职战斗员，那时候是战争年代嘛，詹姆斯有足够的金子支撑莉莉和小天狼星的生活，直到莉莉怀孕，他们躲起来生活。"

——罗琳访谈

No.77 罗琳女士曾被问及海格后来是否结婚生子了，她答道："没有，噢，不要这样盯着我，他有 22 个孩子，不，不玩笑而已。我真的很抱歉。现实点来说能成为海格潜在女友的人实在少得可怜。因为巨人总在自相残杀，他身边虽然有一个，但怎么说呢，她觉得海格很可爱，但是她更睿智一些。所以他们没有结婚。哎呀我有让他活着呢！"

——罗琳访谈

No.78 罗琳女士曾被问及为什么邓布利多将熄灯器留给罗恩，她答道："因为他知道罗恩比起另两人需要更多的指引。邓布利多了解罗恩对于三人组的重要性，同时也知道他不是最有天赋的，也不是最有能力的，但他的好心与幽默能将三个人连在一起。让他知道他也对三人组重要，这很需要。"

——罗琳访谈

No.79 罗琳曾被问及为何詹姆斯的死没能保护莉莉和哈利，她答道："因为莉莉并没有一定要被杀，她可以选择生死。而詹姆斯也没有被给予选择。

詹姆斯当然勇敢，但他的牺牲没有这种选择的意义。所以莉莉的勇气更高级，她本来可活下去。但当然莉莉表现的是作为母亲的本能。而这个魔咒在过去并未出现过，也没人知道它的结果。"

——罗琳访谈

No.80 罗琳女士曾被问及当伏地魔遇上博格特的时候，博格特会变成什么，她答道："伏地魔最大的恐惧是死亡，他把死亡看作是一种耻辱，是人类软弱的表现，但是博格特将如何表现死亡呢？我不太确定。不过我的结论是博格特会变成伏地魔死亡后的模样。"

——罗琳访谈

No.81 罗琳女士曾把皮皮鬼形容为一幢旧楼里要坏却还没坏的水管，而邓布利多像是相对更厉害的一个水管工，他可以使情况在几周内变得好些，但水管过段时间还要继续漏水。皮皮鬼像是城堡里的一部分，他来了，就赶不走。"不过作为读者难道你想让它离开吗？他很好玩，我很喜欢写他。"

——罗琳访谈

No.82 罗琳女士曾被问及为何隆巴顿夫人在不停地给纳威泡泡糖糖纸作为礼物，她答道："纳威一直在给予他妈妈她想要的一切，而她也本能地想要给纳威一点什么。不过她给他的东西实际上是百无一用的，但纳威一直选择相信这有价值。因为她一直在尝试给他什么，所以就感情层面而言，糖纸在这对母子间确实也有价值。"

——罗琳访谈

No.83 罗琳女士曾表示，在她眼里德拉科和达力某种意义上极为相似，都是作为独生子被过度纵容与在溺爱中养大，被父母的信仰所灌输，因此在那一刻，德拉科认为成为食死徒可以得到他想要的东西。但是当他真的从伏地魔那里得到杀死邓布利多的任务时，被现实给击中的他发现这一切和他想象的不一样。

——罗琳访谈

No.84 德拉科从来不邪恶，他也做不到真正去杀人，他意识到这一切后，他放低了他的魔杖，也愿意转到另一个阵营去。就像在大结局里，他确实有在试图保护哈利。就像很多角色一样，他陷得太深，他不是一个英雄的角色，他很多时候懦弱。但是他不是坏人。

——罗琳访谈

No.85 罗琳女士曾被问及如果要在"哈利·波特"的人物里选一个结婚，她会选哪个。"实际上在我年轻的时候，我曾经和罗恩约会过很多次。这就是为什么罗恩会吸引（最接近罗琳年轻时的角色）赫敏的关注。写他很好玩，但真的约会就没那么好玩了。我最后嫁给了哈利（指第二任丈夫尼尔），他是很好的人，也很勇敢，正如哈利一样。"

——罗琳访谈

No.86 罗琳说："我一直计划让哈利和金妮在一起。我希望哈利能逐渐发现金妮是他最理想女孩，哈利是个备受瞩目的人，而金妮是个幽默并且温暖和热忱的人，这满足了哈利需要的理想女孩的一切条件。但我不希望他们是对方初次喜欢的人，他们在成长中打破了幻想，然后了解自己想要什么，我认为书中他俩是完全对等的角色。"

——罗琳访谈

No.87 "我知道很多人一直很期待哈利和赫敏在一起，我总是收到很多信件，来自大人和小孩，我也看到过网络上很多关于这个问题的论战。但我一直认为，哈利和金妮是彼此性情相投的人，他们都很坚强，也都很热情。他们是很登对的情侣。"

——罗琳访谈

No.88 罗琳女士曾被一个 9 岁的小孩问及邓布利多真的爱过哈利吗，还是说只是暗中控制哈利让他最后为了更大的利益而做出牺牲。她答道："这是一个很深刻的问题。邓布利多确实喜欢哈利，像父子一样的感情。但我希望你能怀疑邓布利多，因为他总是把身边的人当作傀儡，并且让哈利做了超出他年龄两倍以上的事情。"

——罗琳访谈

No.89 小天狼星曾说死了总比背叛朋友强，于是有舆论质疑这在误导八九岁读"哈利·波特"的小孩，罗琳女士回应道："但我们这里描述的是一个完全长大的成年人在一个成熟的战场上。而小天狼星这样说，我想他会真的这样做。他有很多性格缺陷，但他会选择满载荣耀去牺牲，而不是背叛三个他爱的如亲人般的人从而活下来。"

——罗琳访谈

No.90 罗琳女士曾被问及帷幔是什么时候出现在那里的，她答道："魔法部建起来的时候它就在那里，没有霍格沃茨那么古老，但也足够古老了。这是长达几个世纪的历史，所以没有必要探究是哪一天开始的。它是生死的隔墙，它只是一直在被研究并未拿来执行死刑。神秘事务司相当于科研机构，它研究心理、宇宙、死亡等等。"

——罗琳访谈

No.91 海格是霍格沃茨的钥匙管理员，他几乎比平常人类高出两倍，宽出五倍。脚差不多是幼年海豚的大小，而手如垃圾箱的盖子一般大。一双黑色的眼睛闪烁着光芒，而脸蛋几乎被杂乱的胡子和浓密乌黑的头发所掩盖。但姑且不论长相，海格的性格热情而温和。他和他的大狗牙牙住在禁林边缘，邓布利多非常信任他。

——Pottermore

No.92 罗琳女士曾在 2005 年回应："邓布利多就是差不多 150 岁左右，书里也说过魔法帮助避免灾难，或者更好地治疗很多常人有的病症。他没有吃过魔法石，他和尼克勒梅不是从年少时就认识的，只是在邓布利多的人生中结识的朋友。"

——罗琳访谈

No.93 罗琳女士曾被问及哈利是来自她认识的人物作为基础描述的吗，她答道："不，哈利完全是我虚构出来的人物。而罗恩，本来也应该是虚构出来的，可是我越写他越觉得他像我过去的一个老朋友，一个叫 Sean 的男人，而赫敏则是夸大版的年轻时的我自己。"

——罗琳访谈

No.94 罗琳女士曾在 2006 年谈及斯内普是一个在试图赎罪的人物，于是有人问道，那么德拉科呢，她答道："我想，大概所有人都可以为他们犯的错误而忏悔。不过现实情况是，你让心理医生把伏地魔放到一个屋子里，拿走他的魔杖，约束他，他会疯掉。所以无论你称此为性格缺陷还是一种病，总有少部分人不会产生悔过的情绪。"

——罗琳访谈

No.95 罗琳女士在小说完结后曾被问及伏地魔死后哈利和德拉科是否不再对对方有所敌意，她答道："并不完全，不过他们算是达到了某种和解。德拉科对哈利救了他而表示了感激，却也不是很情愿，哈利对德拉科曾经是食死徒也有所怨念。如果是说朋友的程度的话，他们完全达不到。他们过去发生了太多的故事了，之后也很难解开心结。"

——罗琳访谈

No.96 罗琳女士曾被问及除了怀疑伏地魔为什么那么相信自己不会死以外，雷古勒斯·布莱克如何开始转变心意的，她答道："他太年轻，现实中的食死徒的残酷的世界与他想象的完全不一样。但真正让他改变是在伏地魔因为愤怒试图杀死克利切的那一刻。"

——罗琳访谈

No.97 西弗勒斯·斯内普并不是德拉科·马尔福的教父，罗琳女士没有在任何一本书里提及过，也没在官方网站或者采访中说过与此相关的任何内容。这仅仅是全球风靡的同人所设定的。德拉科·马尔福的爷爷阿布拉克萨斯，没有任何证据显示他是汤姆·里德尔在霍格沃茨读书时期的朋友。这也仅仅是同人设定的。

——罗琳访谈

No.98 罗琳女士曾在访谈中表示："赫敏并没有抹去她父母的记忆，而是让他们去相信他们是另外的人。战后，赫敏随即去找回了她的父母，并修正了他们的记忆。赫敏的父母总会在一本书里出现一两次，虽然他们很寻常，只是牙医。但是他们是对赫敏有力的支撑。她的父母觉得女儿有着奇怪的能力，但是依旧为她感到骄傲。"

——罗琳访谈

No.99 罗琳女士的官网曾经披露，在《哈利·波特与魔法石》极其早期的草稿中，波特一家住在一个可以操控的小岛上，而格兰杰一家住在附近的海滨。赫敏的爸爸看到了爆炸，于是找了条小船划船过去看到底发生了什么事情，于是看到了哈利父母的尸体和被炸毁的小屋。

——罗琳访谈

No.100 罗琳女士的官网曾披露，迪安·托马斯是混血，父亲在他很小的时候就离开了他和他母亲，他由母亲养大，母亲再婚后给又生了几个小孩。由于父亲从未揭晓过他的巫师身份，迪安一直以为他只是个麻瓜。而他父亲实际上是被食死徒杀害了，因而才离开了他和他母亲。在书中未作详细说明，因为他不是故事中心角色的一员。

——罗琳访谈

No.101 罗琳女士曾在 2005 年被问及，如果保密人遇难或者自然死亡，是否会对保守的这个秘密产生什么影响，她答道："保密人的死亡不会对保守的秘密产生任何影响。当时波特家的具体地址只有虫尾巴以及直接从虫尾巴那里获得消息的人知道，但这些除了虫尾巴以外的知道这件事的人，在魔法效力下不能向其他人传达这个秘密。"

——罗琳访谈

No.102 罗琳女士官网曾解释说："弗雷德和乔治的名字并不是来源于《飘》，仅仅只是因为想要创造一对老式双胞胎的名字。在韦斯莱家族里面，罗恩是第一个被创造出来的，紧接着才开始创造他的兄弟姐妹。罗恩比金妮大一岁，弗雷德和乔治比罗恩大两岁，珀西比双胞胎大两岁，查理比珀西大三岁，比尔比查理大两岁。"

——罗琳访谈

No.103 罗琳女士曾在官网中说道："皮皮鬼并不是鬼魂，它是一种无法摧毁的由各种混乱所集结而成的精神体。足够实体化地可以去旋开螺丝钉，扔粉笔头或者嚼口香糖。" 皮皮鬼在城堡里做过恶作剧大家都不陌生，最后也参加了霍格沃茨保卫战。

——罗琳访谈

No.104 霍格沃茨一共有 142 座不同的楼梯，这些楼梯在形态、形状与大小上都不尽相同。这些楼梯其中一部分在不同的日子里会指向完全不同的地方。

——Pottermore

No.105 霍格沃茨里的画像一般是画者在作画时通过对当事人的观察将其常有的言行举止加入了画像之中，使他们能够保持活着时候的行为模式。而历任校长的画像，则是在画好以后由当事人亲自指导教授其经历与学识，使得在接下来几个世纪继续传授经验。

——Pottermore

No.106 罗琳女士在访谈中曾说："人们总是问我为什么选择了弗雷德而不是乔治，我想人们会觉得弗雷德总是罪魁祸首，他更好玩一些，也显得更狠心一些，相比之下乔治相对温和很多。那么乔治应该更容易受到攻击，如果一定要死一个的话，那么为什么不是乔治。我没办法诚实地告诉你缘由，但我一直知道会是弗雷德。"

——罗琳访谈

No.107 罗琳女士说："海格没有遇难，并不是因为人们喜欢他而害怕他会死掉，而是从系列一开始我就这样计划的。海格是那个把哈利从德思礼家带到巫师世界的，某种意义上说他是哈利的守护者和指路人。所以最后，他也是把哈利从禁林抱出来的那个人。这样的首尾呼应很重要。"

——罗琳访谈

后记

传奇人物的一生总是伴随着大起大落的经历。

罗琳曾经的落魄，也许并不是我们这些局外人可以想象的。这么说也许有些夸张，不过，每一个人的痛苦经历，对于其他人来说都是无法完全切身体会的，因为那都是每个人独一无二的人生经历。

其实，不止是罗琳这样的名人，就连普通人也会经历命运的索取与命运的给予。

在这里，我想先讲一个小故事。

我认识这样一个女孩子，她的家庭条件殷实，生活富足，一直无忧无虑。突然有一天，她的父亲因病离世，家里只剩下了她和母亲两个人相依为命。那一段时间，女孩感到身心疲惫，她没有安全感，因为能够保护她的亲人离开了这个世界。后来，这个女孩还遇到了工作上的一些变故，总之自从父亲去世之后，她的生活总是充满了诸多不顺。

女孩一直希望改变这种状态，却不知道该如何是好。直至有一天，她遇到了一个跟她年纪差不多大的男孩。那个男孩的家庭背景很普通，有着帅气的外表、责任感以及上进心。他没有什么钱，但是希望能够一直保护这个女孩，让她不受伤害。而女孩子也觉得，这个人似乎是代替父亲出现在自己生活中的。她觉得这是上天对她的一种垂怜。

于是，他们结了婚，婚后生活安逸幸福。男孩在工作上进步很快，目前正在考取工程师职称。他们俩还共同经营着一家咖啡馆，每天都过着世外桃源一样的日子，令旁人羡慕不已。

这两个人就是我家的哥哥跟嫂子。其实他们偶尔也会吵架，但这对于他们之间的感情来说，根本造不成任何影响。也许这个故事会叫人觉得有一些偏离主题，但是仔细想，这个故事与罗琳的经历其实多少还是有一些相似之处的。上帝从你的身边拿走多少，他早晚都会给你还回来，只不过是通过另外一种方式。

罗琳曾经失去了很多。早年病逝的母亲、再婚的父亲、不争气的丈夫，甚至包括曾经就要自我放弃的那个自己。

罗琳母亲的去世对罗琳产生了非常大的影响。每一个人，不管到了多大的年纪，在失去母亲的时候都会觉得自己孤独得就像是一个无助的孩子，因为母亲是我们与这个世界最直接的联系。在我们还是胎儿的时候，就是在母亲的身体中孕育长大的，所以，那种感情完全是刻在基因之中的。

而对于再婚的父亲，罗琳在公开场合一直不愿意多提及。在她最孤独无助的时候，却没有得到父亲的帮助，也许这一直都是罗琳的心病。在"哈利·波特"系列故事中，有一个名叫"小矮星彼得"的人，绰号"虫尾巴"，曾经是波特夫妇的朋友，却将他们全都出卖给了伏地魔。这个彼得有着跟罗琳父亲一样的名字，但是后来，他们还是冰释前嫌了。可能是罗琳自己再婚之后对父亲的看法有了一些改观，也可能是他们经过了一番毫无保留的长谈，我们无从知晓。在罗琳获得了母校埃克塞特大学荣誉博士学位的时候，她依旧在镜头前拥抱着自己的父亲，笑得很开心。

还有一个不得不说的人物，那就是罗琳的妹妹黛安娜。黛安娜曾经学习的是护士专业，目前正专心在爱丁堡学习法律。她对于身处困境中的姐姐的扶持是值得赞颂的。毕竟，我们没法选择自己的亲人，即使血浓于水，但是已经到了成年的兄弟姐妹，就算不帮忙，也无可厚非。罗琳很幸运，她有个好妹妹。雪中送炭的情谊永远要高尚过锦上添花的交往。

再来说说罗琳的新书《偶发空缺》。每一个作家在转型的时候都会受到很多的舆论压力，特别是那些大红大紫的畅销书作家，因为他们的读者群十分庞大。这就好比凤凰涅槃，经过历练的重生能够让自己更加理解生命的含义。我个人倒是十分期待罗琳其他题材的新书，成长就是一个不断寻觅的过程，不去尝试，永远也不会知道什么东西才是真正适合自己的。

最后，我要感谢一直给我信心与勇气的朋友们，是你们的乐观与鼓励让我顺利完成了全部写作任务。特别要感谢为这本书的制作与策划做出极大贡献的肖鹏先生，谢谢你辛勤的努力与真诚的建议，每次与你聊起关于罗琳与哈利的话题，都令我无比开心。

参考文献

[1]（英）J.K.罗琳. 苏农译. 哈利·波特与魔法石. 北京：人民文学出版社，2009.

[2]（英）J.K.罗琳. 马爱新译. 哈利·波特与密室. 北京：人民文学出版社，2000.

[3]（英）J.K.罗琳. 马爱农，马爱新译. 哈利·波特与阿兹卡班囚徒. 北京：人民文学出版社，2009.

[4]（英）J.K.罗琳. 马爱新译. 哈利·波特与火焰杯. 北京：人民文学出版社，2001.

[5]（英）J.K.罗琳. 马爱农，马爱新译.哈利·波特与凤凰社. 北京：人民文学出版社，2009.

[6]（英）J.K.罗琳. 马爱农，马爱新译. 哈利·波特与"混血王子". 北京：人民文学出版社，2005.

[7]（英）J.K.罗琳. 马爱农，马爱新译. 哈利·波特与死亡圣器. 北京：人民文学出版社，2007.

[8]（美）柯克.桑蕾. 程芳. 李清清译. 哈利·波特的"母亲"——J.K.罗琳传.北京：九州出版社，2005.